*Harry Clarke, Dublin/Irland 1919: Saint Julian the Hospitaller; Dreischichtig; rotes und blaues Überfang- sowie weißes Glas. Ätzungen, Schwarzlotmalerei und Silbergelb; 42,5 x 33,7 cm. Sammlung Mrs. Una O'Higgins-O'Malley, Booterstown, County Dublin.*

Felizitas Krettek und Suzanne Beeh-Lustenberger

# Glasmalerei

## als Kunst und Hobby

FALKEN VERLAG

*Bild auf Seite 1:*
*Breite Ränder können mit Konturenpaste abgegrenzt sowie farbig verziert und betont werden.*

CIP-Kurztitelaufnahme der Deutschen Bibliothek

**Krettek, Felizitas:**
Glasmalerei als Kunst und Hobby / Felizitas Krettek
u. Suzanne Beeh-Lustenberger. –
Niedernhausen/Ts.: Falken-Verlag, 1980.
ISBN 3-8068-4088-1
NE: Beeh-Lustenberger, Suzanne:

ISBN 3 8068 4088 1


Fotos: siehe Bildquellenverzeichnis am Schluß des Buches
Satz: H. G. Gachet & Co., 6070 Langen b. Ffm.
Druck: Offset-Team Zumbrink KG, 4902 Bad Salzuflen

817 2635 4453 6271

# Inhalt

# I.
# Glasmalerei als Kunst

## Was ist Glasmalerei?

Die Spannweite dieser Kunst reicht von den anspruchsvollen Farbverglasungen mittelalterlicher Kirchen bis zu den gläsernen Wänden moderner Kirchenbauten, vom großen, farbig strahlenden bis zum intim zurückhaltenden kleinen Glasbild in profanen, öffentlichen und privaten Bauten. So verschiedenartig ihr Wesen auch ist, gemeinsam haben diese Werke eines: Sie müssen Lichtquelle sein; sie brauchen das durchscheinende Licht, das aus dem Glas funkelndes, heiter leuchtendes oder magisch dämmerndes Farblicht werden läßt. Zu viel Auflicht von den Seiten – durch andere helle Fenster oder beim Glasbild durch eine zu große leere Fensterfläche – entzieht ihnen die Wirkung und läßt sie dunkel und unbedeutend werden. Die Glasmalerei ist also mehr als jede andere Kunst von ihrem Anbringungsort und ihrer Umgebung abhängig.

Farbige Glasmalereien sind lebendig und erzeugen im Wandel des Tages je nach Witterung ganz unterschiedliche Stimmungen. Maßgebend ist, wie das Licht einfällt und wie es beschaffen ist – kurz- oder langwellig. Einmal tritt als beherrschende Kraft das Rot hervor, einmal leuchten milde Gelb und Weiß, dann gewinnt das Grün an Intensität, und schließlich feiert das Blau seine Triumphe. Daß bei der Wirkung auch der Hintergrund mit seinen Grau-, Grün- und Blautönen eine wesentliche Rolle spielt, versteht sich. Der transzendentale Charakter, das heißt, die Fähigkeit, sich von Materie in Farblicht zu verwandeln, verleiht den Glasmalereien eine eigene, beinahe geheimnisvolle Aussagekraft.

*Westdeutschland oder Nordfrankreich, um 1220–1230: Fragmente einer Kreuzigung Christi; Gekreuzigter 39 x 38 cm; Sonne und Mond Durchmesser 10 cm. Hessisches Landesmuseum, Darmstadt.*

# Wo steht die Hobby-Glasmalerei?

Die Glasmalerei blickt auf eine über tausend Jahre alte Tradition mit manchen Höhen und Tiefen zurück und findet zur Zeit allgemein hohes Interesse. Im Vordergrund steht die monumentale Art, die großformatige Glasmalerei, die in die Architektur eingelassen ist und von ihr getragen wird. In den letzten zehn Jahren hat nun aber auch das freie, von der Architektur losgelöste und intimere Glasbild an Bedeutung gewonnen. Grund dafür ist einmal die in letzter Zeit so ungeheure Aktivität in der Sparte des Kunsthandwerks im allgemeinen und im Glas im besonderen. Außerdem hat uns die Rückbesinnung auf alte Zeiten in unserer technisch überorganisierten Welt ein neues Verhältnis zum Dekor gebracht. So ist der Fensterschmuck zum aktuellen Thema geworden.

Wen nun aber die Magie des farbigen Glases so in den Bann zu ziehen vermag, daß er zum eigenen Gestalten ansetzt, der wird einen Schatz von Erfahrungen sammeln, die ihm ein gekauftes Werk nie vermitteln könnte. So mehrt sich die Zahl derjenigen, die sich in der Freizeit mit Glas beschäftigen. In Europa, mehr aber in den USA und in Australien werden von Fachkräften und Künstlern Kurse für Glasmalerei abgehalten, die sich an Laien richten. Sie finden einen ungewöhnlichen Zulauf und haben für manche neue, unübliche Idee auf diesem Gebiet gesorgt.

Fragen und gewonnene Erkenntnisse veranlassen zum vergleichenden Sehen und zur kritischen Betrachtung; sie erwecken die Wissenslust. Mit aktivem Interesse wird der Hobby-Glasmaler die Zeugnisse in den Kirchen, profanen Gebäuden, Museen und Galerien ansehen, die zu unserer oder in früherer Zeit Meister ihres Handwerks geschaffen haben.

Bei einer im Grundprinzip nur wenig veränderten Technik durchlief die Glasmalerei in Verbindung mit anderen Künsten wie der Architektur und der Malerei, aber auch dem Kunsthandwerk, eine große Entwicklung. Ein Zweig davon mündete schließlich, genährt von unserem im 20. Jahrhundert gefundenen Interesse an naiver Kunst und getragen von der uns allen bekannten Bewegung des »Do-it-yourself«, in die Hobby-Glasmalerei.

Ein Abriß der Geschichte der Glasmalerei bis heute und ihrer Stellung im religiösen, öffentlichen und privaten Leben, ihrer Aussagemöglichkeit und ihrer Bedeutung für die Architektur in diesem Buch soll für die Beschäftigung mit dem farbigen Glas einige Denkanstöße bieten. Anhand der Abbildungen wird sich der Leser ein Bild machen können von der allgemeinen Stilentwicklung und der Vielfalt der Themen, die von der Bibel- und Heiligenlegende über das Monats- und Berufsbild zum historischen Ereignis und der Genreszene, der Landschaft, dem Porträt und vor allem zum Wappen reichen. Die Betonung liegt dabei auf den Werken innerhalb des deutschsprachigen Raums.

# So entstand ein Farbfenster im Mittelalter

Über die Arbeitsvorgänge, die notwendig waren, bis das mittelalterliche Glasfenster stand, unterrichten uns alte Rezeptbücher, allen voran die »Schedula diversarium artium« des Mönches Theophilus aus der Zeit um 1100. Er beschreibt einmal, wie das notwendige Farbglas herzustellen ist, dann wie der Entwurf auszusehen hat und wie er auszuführen ist. Das Glas besteht aus Sand-, Buchen- und Farnasche sowie einzelnen Metalloxyden zur Färbung.

*Mittelrhein, um 1250: Engel in Halbfigur mit Schriftband; Durchmesser 40,5 cm. Hessisches Landesmuseum, Darmstadt.*

*Mittelrhein, Ende 9. Jahrhundert (?): Kopf eines bärtigen Heiligen; 31 x 28 cm. Aus dem ehemaligen karolingischen Reichskloster Lorsch an der Bergstraße; Hessisches Landesmuseum, Darmstadt.*

Das Gemenge wird in einem Schmelzofen erhitzt, bis es zähflüssig ist, dann mittels einer Pfeife zu einem hohlen Zylinder geblasen, zu kleinen Tafeln aufgeschnitten und geglättet. Dies geschah in der ersten Zeit am Arbeitsort selbst, bald aber dann in eigenen Glashütten, die sich wegen der benötigten Grundstoffe in Waldgebieten ansiedelten.
Das Bildfenster nun baut sich aus einer Vielzahl verschiedenfarbener, aus solchen Tafeln zugeschnittener und durch das Bleinetz zusammengehaltener Glasstücke auf. Wenn der Entwurf und danach die maßstabgetreue Werkzeichnung auf Holz, Pergament, Papier oder Karton vorliegt, werden diese Stücke aus den bereitgestellten Tafeln in den angegebenen Farben passend mit heißem Draht herausgesprengt und danach mit dem Kröseleisen, einer Art Kneifzange, genau in die vorgezeichnete Form gebracht. Der nächste Arbeitsgang steuert die Lichtdurchlässigkeit, wie man sie sich bei den einzelnen Glasstükken dem Entwurf gemäß wünscht. Sie werden bemalt, und zwar mit einer schwarzen bis bräunlichen Farbe, die aus leicht schmelzbarem, pulverisiertem Bleiglas, vermischt mit pulverisiertem Metalloxyd, besteht. Man nennt sie Schwarz-Braunlot. Im Gegensatz zur Wand-, Buch- und Tafelmalerei bringt sie keine eigene Farbe, sondern dämpft die Farbe ihres Trägers. Mit ihr werden Umrisse gezeichnet, modellierende Schattenwirkungen erbracht und Flächen in Kontrastwirkung abgedunkelt. Auf jedem einzelnen Stück wird sie in mehreren Schichten aufgetragen: hell mattierend, dann mittelschattierend und schließlich deckend. In trockenem Zustand können diese Schichten dann jeweils noch mit dem Pinsel und dem Federkiel bearbeitet werden, um Lichter, helle Muster oder Lichtlinien auszuwischen bzw. auszukratzen. Ist der Malvorgang abgeschlossen, werden die einzelnen Stücke in den Werkofen gelegt, wo sich das Schwarzlot bei 600 Grad unlöslich mit dem Trägerglas verbindet. Die fertig gebrannten Glasstücke schließlich steckt man in Bleistege mit doppeltem U-Profil und fügt sie dicht aneinander. So entsteht ein Bleinetz, das mit seinen weithin sichtbaren schwarzen Linien die Schwarz-Braunlotzeichnung unterstützt und der maßgebende Träger der Komposition ist.

## Vorläufer des Farbfensters

Das bemalte Bildfenster aus Glas und Blei ist eine Erfindung des christlichen Abendlandes, besitzt aber Vorläufer verschiedener Art in der Antike und im frühen Islam. Zu nennen sind:
das Zweckfenster aus rechteckigen Glastafeln und Holz oder Blei, wie es im Westen des Römerreiches bevorzugt vorkommt;
die Fensterverschlußplatte aus Blei mit ausgeschnittenen Öffnungen, in die ein- oder mehrfarbige Rundscheiben eingesetzt wurden (sie war im oströmischen Reich verbreitet und findet sich auch in frühislamischen Wüstenschlössern);
die Transenna, ein ornamental gestaltetes Gitter aus Stein in den frühchristlichen Basiliken und aus Stuck mit Glaseinlage bei frühislamischen Bauten, wie etwa einem Wüstenschloß der Omaijaden um 727 bis 750. Bei diesen arabischen Stuck-Glasfenstern schält sich eine Interpretation des Fensterverschlusses heraus, den auch das christliche Bildfenster voraussetzt: Man sieht ihn als eine künstlerische und nicht nur eine zweckbedingte Aufgabe und mißt seiner Gestaltung hohen Wert bei.
Auch für die Bemalung des Glases mit schwarzer Malfarbe lassen sich im oströmisch-byzantinischen Bereich und im Islam Beispiele nachweisen, doch ist ungewiß, inwieweit man hier die Farbe wie in der klassischen Glasmalerei eingebrannt hat.

## Die Anfänge

Über die Anfänge der Glasmalerei in unserem Sinne sind wir nicht unterrichtet. Lange Zeit, bevor sie in einer Art Frühform vor uns tritt, berichten uns schriftliche Quellen von Fenstern aus farbigem Glas; auch haben Grabungen kostbare Scherben erbracht. Aufschluß über die erste Entwicklung lassen sie uns aber kaum gewinnen.
Im 9. Jahrhundert war nach literarischen Zeugnissen die figürliche Glasmalerei dann bereits recht bekannt. Dies ist wichtig angesichts eines Fundes, den man bei Suchgrabungen im ehemaligen karolingischen Reichskloster Lorsch an der Bergstraße machte. Das Kloster war 1621 von spanischen Truppen zerstört worden. Im Jahre 1935 fand man auf seinem Gelände eine Grube mit Scherben aus mehreren Jahrhunderten. Die ältesten ließen sich zum Kopf eines Menschen mit Heiligenschein zusammensetzen. Der Beschaffenheit des Glases und der Art der Bemalung nach handelt es sich bei ihm um das früheste, in größerem Umfang erhaltene Zeugnis der Glasmalerei. Die Geschichte des Klosters legt nahe, daß es aus einem Fenster der sogenannten Bunten Kirche, der um 870 begonnenen Gruftkirche des karolingischen Königs Ludwig des Deutschen, herrührt.
Wichtig für seinen Ausdruck ist die strenge Frontalität, verbunden mit einem Hang zum Ornamentalen in der Binnenzeichnung, so zum Beispiel wie

der Haarkranz sich um den Kopf legt, runde Löckchen in die Stirn ragen, Mund und Nasenspitze als kleine kurvige Formen in die fließenden Linien der Barthaare gesetzt sind und die außen in Seitenschlitzen endenden, weit geöffneten Augen innen auf den Bogen der Augenbrauen treffen. Dies ist das Erbe des iro-angelsächsischen Stils, der auf den Kontinent einströmte, als irisch-angelsächsische Mönche Ende des 7. Jahrhunderts und in der folgenden Missionszeit Klöster entlang den Grenzen des römischen Kaiserreiches gründeten. Vor allem durch Buchmalereien tradiert, vermochte er sich auf die Glasmalereien von Lorsch auszuwirken.

*Schwaben, um 1130–1140: Prophet Hoseas; Inschrift: OSEE.PP (Oseas Propheta). Aus zwei Feldern bestehend; insgesamt ca. 230 x 53 cm; im Dom zu Augsburg.*

*Schwaben – Schweiz, gegen 1200, Muttergottes, 63 x 28 cm. Aus dem Chorfenster der St. Jakobskapelle in Flums/Kanton St. Gallen; Schweizerisches Landesmuseum Zürich.*

## Die romanische Epoche

Die Form, die man für die Glasmalerei in Lorsch fand, bewahrte offenbar neben einer Tradition mit kleinfigurigen szenischen Darstellungen über längere Zeit hinweg ihre Gültigkeit. Seine nächsten Verwandten besitzt das Werk aus Lorsch in dem Fragment eines Christuskopfes aus der um 1030 bis 1070 errichteten Kirche St. Peter und Paul zu Weißenburg im Elsaß (heute im Musée de l'Œuvre Notre-Dame in Straßburg) sowie auch noch in den Prophetenfenstern im Augsburger Dom. Es sind dies fünf hohe Rundbogenfenster aus dem Obergaden des Langhauses mit je einer frontal ausgerichteten, hieratisch feierlichen alttestamentlichen Gestalt: Moses, David, Daniel, Hosea und Jonas. Ihre Namen sind oben eingetragen. Jeder hält eine Schriftrolle in der Hand, die ihn als Verkünder des Messias zu erkennen gibt. Die Fenster zeichnen sich durch eine milde und helle Farbigkeit aus: Grün-Rot, Gelb-Braun und Weiß sind ihre Grundfarben. Über die Zeit ihrer Entstehung wird noch diskutiert. Das späte 11. Jahrhundert und die Zeit um 1130 bis 1140 werden unter anderem vorgeschlagen. Sicher ist, daß sie zu den Hauptwerken romanischer Glasmalerei in Deutschland gehören. Einen ebenso hohen Rang nehmen die um 1150 bis 1160 für den Westchor der Klosterkirche in Arnstein an der Lahn geschaffenen Felder ein, die heute als Leihgabe aus Privatbesitz im Westfälischen Landesmuseum in Münster zu sehen sind. In flächige Felder mit reichen Rahmen aufgegliedert, stellen sie Szenen aus der Moses- und Christusgeschichte sowie in einem ausgesparten halbrunden Feld unten den Künstler dar. Sein Bild begleitet eine lateinische Inschrift, die in deutscher Übersetzung lautet: Der König der Könige möge dem berühmten Gerlachus gnädig sein.

Sie gibt zusammen mit der vornehmen Kleidung des Mannes Aufschluß darüber, welche Stellung der Glasmaler in der mittelalterlichen Rangordnung einnahm. Gerlachus verstand sich sicher nicht als einfacher Handwerker, der in langwieriger Arbeit Farbfenster ausführte, sondern als Künstler, der mit dem bis in die Farbgebung hinein genau durchgearbeiteten Entwurf, dem schöpferischen Akt, betraut war. Deshalb ist er auch mit Farbtopf und Pinsel und nicht mit dem für das Glasmalerhandwerk so typischen Kröseleisen dargestellt. Die Scheibe legt also Zeugnis dafür ab, daß im Mittelalter Entwurf und Ausführung nicht als Einheit gesehen wurden, daß vielmehr mit einer Arbeitsteilung gerechnet werden muß.

Schlichter in Komposition und Farbigkeit als die Fenster aus Arnstein, aber von ergreifender Würde präsentiert sich die Muttergottes um 1200 aus Flums in St. Gallen. Die Gottesmutter sitzt, steil aufgerichtet, frontal zum Beschauer, doch bringen die schräg sich herabsenkende Taube des Heiligen Geistes, der leicht aus der Bildachse geneigte Kopf und der sich vor dem Oberkörper rund

bauschende Mantel, in dessen Fülle das Christuskind sitzt, einen leichten Rhythmus ins Bild. In ihrer Rechten hält Maria einen Apfel, in dem sich der Ausdruck christlicher Heilserwartung konzentriert; er kennzeichnet sie als neue Eva und ist Sinnbild dafür, daß die alte Erbsünde durch die Leiden ihres Sohnes gesühnt, die Menschheit gerettet ist.
Insgesamt hat uns die romanische Epoche, die in Deutschland länger anhielt als in Frankreich, eine Reihe unschätzbarer Werke hinterlassen, unter denen als Repräsentanten der spätesten Phase die altrosa-weiß-gelb-grün und hellblau leuchtenden Fenster in der Kirche St. Kunibert in Köln um 1220 bis 1230 als absoluter Höhepunkt besonders erwähnt seien.
Auch Frankreich ist, was angesichts der gotischen Pracht oft vergessen wird, reich an romanischen Fenstern, die mit den deutschen die Betonung der Fläche und die Liebe zum Detail, der bis in die kleinste Einzelheit sorgfältig ausgeführten, das Bild ausschmückenden Malerei gemein haben. Ein wesentlicher Unterschied liegt jedoch in der Farbigkeit. Die französischen Werke sind vorwiegend auf einem Rot-Blau-Weiß-Akkord, der Spannung zwischen aktivem warmem Rot und fernem Himmelsblau, aufgebaut, während die deutschen neben dem Rot mehr Grün und Gelb aufweisen. Zwei Hauptwerke in Frankreich seien hervorgehoben: die drei Fenster der Westfassade der Kathedrale in Chartres um 1145 bis 1155, die für eine monumentale Vorhalle der alten romanischen Kirche entstanden und, was selten ist, in ihrem ursprünglichen ikonographischen und stilistischen Zustand erhalten sind, sowie die Chorfenster der Kathedrale von Poitiers um 1165 bis 1170 mit der Kreuzigung Christi im Mittelpunkt. Ihr lichtes Rot und Blau – selbst das Haar Christi (blau) und das Kreuz (rot) sind hier dem Farbdiktat unterworfen – erzeugen zwischen den grauweißen hohen Steinwänden eine unvergeßliche Wirkung.
Gemessen an den Mauerflächen, sind die Fenster der romanischen Kirchen klein. Ihre Verglasungen haben deshalb in erster Linie die Aufgabe zu belichten und sind dementsprechend hell gehalten. Dies ändert sich in der Gotik.

## Die gotische Kathedrale

Um die Mitte des 12. Jahrhunderts beginnt sich in Frankreich gewissermaßen in einem eigenen Stil der Übergang von der Romanik zur Gotik zu vollziehen, so daß dann mit dem Beginn des folgenden Jahrhunderts die gotische Kunst mit der Kathedrale – der Bischofskirche – im Mittelpunkt, ihren Siegeszug durch Europa antreten konnte. Die Kathedrale verstand der mittelalterliche Mensch als ein Gehäuse zwischen Himmel und Erde, als Abbild des himmlischen Jerusalem. In der Gotik verliert es sein irdisches Schwergewicht; ein vielfältiges System von hochaufragenden Streben und Pfeilern trägt schmale Gewölbe, die Mauern öffnen sich weit und machen der Glasmalerei Platz, die durchscheinende, aber nicht durchsichtige Wände schafft. Sie ist mit für das Gebäude verantwortlich und bildet einen schimmernden Mantel, in den zur Belehrung und Erbauung der Gläubigen Szenen aus der Heilsgeschichte, den Legenden der Heiligen, schlanke Einzelfiguren unter Baldachinen und Ornamente eingewoben sind. Über den Portalen schwebt als Symbol der Erde, des Himmels und der Sonne, zunächst wuchtig, dann filigranhaft zart aus dem Stein herausgearbeitet, ein Rundfenster, die sogenannte Rose.
Eine Vielzahl von Abbildungen vermag den großen gotischen Kirchenbauten mit ihren herrlichen Fenstern nicht gerecht zu werden. Deshalb seien hier stellvertretend für viele einige wenige genannt, deren Besichtigung für jeden, der sich mit Glasmalerei befaßt, zum Erlebnis wird.
*Frankreich:* Kathedrale Notre-Dame in Paris, begonnen 1162, vollendet im frühen 13. Jahrhundert;
Kathedrale von Chartres, nach 1194 bis 1260 wichtiges Zentrum der französischen Glasmalerei, in der ersten Hälfte des 13. Jahrhunderts (zwischen 1200 und 1235 wurden 170 Fenster mit einer Fläche von insgesamt 2000 m² ausgeführt);
Kathedrale von Reims, 1210 bis ca. 1290;
Sainte-Chapelle in Paris, von König Ludwig IX. als kostbarer, von Farblicht durchfluteter Schrein für die Reliquien erbaut, die er aus Konstantinopel mitgebracht hatte. Das Bildprogramm auf 15 Fenstern umfaßt 1134 Szenen und ist das größte in der Geschichte der Glasmalerei.
*Elsaß:* Kathedrale von Straßburg. Nachdem der alte Bau 1176 niedergerissen worden war, begann man mit einem Neubau in romanischem Stil, ging dann jedoch nach französischem Vorbild zur Gotik über. Das Langhaus, Mitte des 13. Jahrhunderts, entstand unter dem Eindruck der Kathedrale von St. Denis bei Paris. Die Glasmalereien spiegeln diesen Geschmackswandel und die Folgen einer Zerstörung durch Brand 1298 wider. Sie verarbeiten französische und deutsche Einflüsse und spielen eine wichtige Rolle bei der Vermittlung französischer Gestaltungsprinzipien in den Kunstzentren entlang des Rheins.

*Chartres, Kathedrale, Rose und Lanzettfenster vom Südquerschiff, Stiftung der Familie Dreux 1217–1225.*

Paris, Sainte Chapelle, 1243–1248 erbaut als Hofkapelle und Aufbewahrungsstätte kostbarer Reliquien.

## Zwischenstufen

In den deutschsprachigen Ländern hielt sich die Romanik noch lange, nachdem Frankreich zur Gotik übergewechselt war, wobei für das Formenschema neue Einflüsse der östlichen, der byzantinischen Kunst verarbeitet wurden. In der ersten Hälfte des 13. Jahrhunderts bildete sich hier ein scharfbrüchiger, ornamental ausfahrender Stil, der sogenannte Zackenstil, der sich entlang der westlichen Grenze bisweilen mit gotischen Elementen vermischte. Hervorzuheben sind unter anderem der Zyklus aus dem Leben des heiligen Franziskus in der Barfüßerkirche in Erfurt, die Fenster mit Szenen aus dem Alten Testament und dem Leben der heiligen Elisabeth in der Elisabethkirche in Marburg, sodann aus der Jahrhundertmitte die

*Hildesheim oder Braunschweig, um 1250: Kreuzigung des Hl. Cosmas oder Damian; 83,3 x 47,2 cm. In der Marktkirche zu Goslar. Archiv Dr. S. Beeh-Lustenberger.*

*England:* Kathedrale von Canterbury, Wirkungsstätte des berühmten Erzbischofs Thomas von Beckett, der 1173, drei Jahre nach seiner Ermordung, heiliggesprochen wurde, so daß sich Canterbury zum bedeutenden Wallfahrtszentrum entwickelte und als Dokumentation für seine neue Bedeutung in herrlichen Fenstern von den Wundertaten des Heiligen erzählt;
Kathedrale in York mit herausragenden Glasmalereien des 14. und 15. Jahrhunderts. Für eines der größten Fenster in gotischer Zeit überhaupt (22,80 m hoch und 9,60 m breit) erhielt sein Gestalter, John Thornton von Coventry, 56 Pfund. Der Meister und seine Werkstatt waren drei Jahre lang, von 1405 bis 1408, daran tätig.

*Oberrhein, um 1270–1280: Noah in der Arche; 76 x 59 cm. Aus der Ritterstiftskirche St. Peter zu Wimpfen im Tal; Hessisches Landesmuseum, Darmstadt.*

Scheiben mit der Legende der Heiligen Cosmas und Damian in der Marktkirche in Goslar, die herrlichen Heiligengestalten im Westchor des Naumburger Domes und schließlich das Mittelfenster im Chor der St. Vituskirche in Mönchengladbach vor 1275.

Der Kreis der Fenster um Mönchengladbach mit seinen Straßburger und mittelrheinischen Vorstufen bildete schließlich die Voraussetzung für eine der bedeutendsten Verglasungen im Südwesten unseres Landes im späten 13. Jahrhundert. Gemeint sind die Glasmalereien der Ritterstiftskirche St. Peter zu Wimpfen im Tal um 1270 bis 1280, die sich im Gesamtaufbau und in den Figurentypen an die älteren Werke anlehnen, in der Gewandgestaltung und dem Bewegungsrhythmus aber einem neuen, in Frankreich gepflegten, höfisch orientierten, schönlinigen Stil folgen. Die Wimpfener Scheiben gelangten durch die Säkularisation an den Großherzog von Hessen, der sie aus konservatorischen Gründen und Sammelleidenschaft zugleich zwischen 1807 und 1819 nach Darmstadt überbringen ließ, wo sie heute einen Hauptanziehungspunkt im Hessischen Landesmuseum bilden. Für die Kirche schuf ca. 90 Jahre später der bekannte Glasmaler und Restaurator Fritz Geiges eine umfangreiche, sehr bemerkenswerte Chorverglasung nach altem Vorbild, indem er von den erhaltenen Werken Kopien anfertigte und neue im selben Stil dazu erfand.

Die hervorragendsten Felder aus Wimpfen stammen aus dem Mittelfenster des Chores, das generell in den Kirchen Christus gewidmet war und zu der vornehmsten Aufgabe in der Glasmalerei gehörte. Das Wimpfener Fenster besteht aus zwei Bahnen, in je dreizehn Felder unterteilt, dazu einer Rundscheibe im Maßwerk. Sein Thema ist die prophetische Verheißung des Erlösers in ihrer Erfüllung und Vollendung. Aufbauend auf der schon in der Bibel vertretenen Anschauung, daß das Alte und das Neue Testament im Grundsätzlichen übereinstimmen und das Neue die Erfüllung des Alten ist, arbeitete man besonders in der Zeit der scholastischen Theologie, das heißt seit dem 12. Jahrhundert, umfangreiche typologische Zyklen aus, in denen neutestamentliche Szenen Vorbildern aus dem Alten Testament gegenübergestellt wurden; dabei entwickelten sich verschiedene Traditionen. Am bekanntesten ist die Armenbibel, eine typologische Schrift, die zur Zeit religiöser Auseinandersetzung ihren Namen wahrscheinlich von Mönchen, genannt die Wahren Armen Christi, erhielt und nach ihrer Entstehung im 13. Jahrhundert bald maßgebende Bedeutung erhielt. Die übereinandergestellten neutestamentlichen Szenen verband man mit der Vorstellung der Wurzel Jesse, eines der beliebtesten Themen des Mittelalters, das sich aus der Prophezeiung des Jesaias vom Kommen des Messias aus dem Geschlecht Davids herleitet und wie der typologische Zyklus Verheißung und Erfüllung bedeutet. So liegt in Wimpfen der schlafende Stammvater Jesse am unteren Ende der neutestamentlichen Bahn, aus der grüne Zweige, Blätter treibend, hervorwachsen und die Darstellungen aus dem Erlöserwerk Christi umranken. Sie deuten auf die lebendige Kraft hin, die dem Neuen Testament innewohnt, und bilden mit ihrem ornamentalen Geschlinge einen deutlichen Gegensatz zu dem erstarrten geometrischen Muster, vor dem die alttestamentlichen Szenen erscheinen. Blickt man ihre Reihe durch, bleibt man erstaunt und fasziniert vor einer Darstellung mit einem Löwen und seinen Jungen hängen. In den spätantiken Tierfabeln des Physiologus wird der Löwe der König der Tiere genannt, der mit offenen Augen schlummert. Seine Jungen werden erst am dritten Tag nach ihrer Geburt lebendig, wenn ihnen der Vater ins Antlitz bläst. Diese Vorstellung verglich man im 12. Jahrhundert mit Christus am Kreuz, dessen Leiblichkeit stirbt, während seine Göttlichkeit wacht, und der am dritten Tage aufersteht.

## Das Ornament

Neben den szenenreichen, in Medaillons gegliederten oder von Architekturen begleiteten Figurenfenstern steht – in der Qualität gleichwertig – das reine Teppichfenster, das eine außerordentliche Vielfalt an Mustern in zunächst kleinen, dann aber auch großen Rapporten aufweist. Zu seiner Ausbreitung trug maßgebend der mächtige Mönchsorden der Zisterzienser bei. Da ihnen ihre Ordensregeln verboten, ihre Kirchen mit farbigen Bildern zu schmücken – ein Verbot, das im Laufe des 14. Jahrhunderts seine Wirksamkeit mehr und mehr einbüßte –, beschränkten sich die Mönche auf Grau in Grau gehaltene Ornamentfenster als Abschluß. Sie verwendeten matte weißliche oder grünliche Gläser, Schwarz-Braunlot und Blei und schufen damit die schönsten und phantasiereichsten Verglasungen, entweder geometrisch abstrakt oder mit einem Geschlinge von phantastischen bis naturgetreuen Blättern und Zweigen.

Ihre Fenster lassen die Erinnerung an die Transennen, die früheste Form des künstlerisch gestalteten Fensterverschlusses aus Stein und Stuck, mit dessen geometrischem und vegetabilem Ornament wiederaufleben. Berühmte Zisterzienserkirchen mit alter Verglasung sind Stift Heiligenkreuz bei Wien, um 1220 bis 1295, und der Dom zu Altenberg bei Köln, um 1255 bis ca. 1386.

## Stifter und Wappen

Glas und Glasmalereien waren ideell und finanziell eine Kostbarkeit, gleichrangig mit Edelsteinen. Nach der Theorie der Scholastik, der damals gültigen theologischen Richtung, lassen sie das Licht der wahren Sonne, nämlich Gottes, in das Kircheninnere eindringen, um die Gläubigen zu erleuchten. Dabei wird die Transluzidität des Glases in seiner Unversehrtheit als Symbol der Jungfräulichkeit gedeutet. Daß Werke von solcher Bedeutung gerne gestiftet wurden, um – wie es die mittelalterliche Stifteridee war – dafür ein ewiges Gedächtnis und eine stetige Fürbitte zu erhalten, liegt nahe. Eindrucksvoll ist eine im Hessischen Landesmuseum in Darmstadt bewahrte Scheibe mit den Heiligen Nikolaus und Augustinus, denen in einer ausgesparten Nische unten ein Ehepaar, ehrfürchtig kniend, ein Fenster darreicht. Dazu steht in Latein der Spruch: Durch Scharfsinn gaben sie der Religion Licht. Er bezieht sich einmal natürlich auf den Kirchenvater Augustinus und den Bischof von Bari, Nikolaus, dann aber sicher auch auf die Stifter, die am Mittelrhein um 1250 bis 1260 eine Kirche mit dieser im sogenannten Zackenstil geschaffenen Gabe ausgezeichnet haben. Die Stifter kamen aus den Kreisen der hohen Geistlichkeit und des Adels, bald aber auch des Bürgertums, das im 14. und 15. Jahrhundert einen großen Aufschwung erlebte und sich in neuem Selbstbewußtsein gerne kooperativ – als Zunft – an den großen Verglasungen in den Kirchen seiner Vaterstadt beteiligte. Daß das Wappen dabei als weithin sichtbares und lesbares Zeichen gerne hinzugefügt wurde und eine wichtige Rolle spielte, versteht sich. Wenn es sich um Zünfte handelte, wurden bisweilen auch anstelle von Wappen kleine Bilder mit einer signifikanten Tätigkeit aus dem Berufsleben eingesetzt.

*Mittelrhein, um 1240–1250: Hl. Augustinus und Hl. Nikolaus mit Stifterpaar; 112 x 45 cm. Hessisches Landesmuseum, Darmstadt.*

*Niederrhein, um 1270–1287: Ornamentfeld mit Weinranken; 72 x 55,5 cm. Aus der Zisterzienserkirche Altenberg bei Köln; Hessisches Landesmuseum, Darmstadt.*

# Meisterwerke der Gotik im deutschsprachigen Raum

1308 fiel Albrecht I., Deutscher König und Regent des Hauses Habsburg, in der Nähe von Brugg im Kanton Aargau einem von seinem Neffen Johann ausgeführten Mordanschlag zum Opfer. Seine Witwe gründete am Tatort ein Kloster namens Königsfelden, das mit seiner prachtvollen Farbverglasung zum würdigen Denkmal des verstorbenen Königs wurde und vom Ruhm des Hauses Habsburg kündete. Die elf Fenster, alles Stiftungen von Mitgliedern des Hauses, wurden 1325 bis 1330 nach Straßburger Vorbild im Formenkanon der Hochgotik geschaffen. Sie stellen Szenen aus dem Leben Christi, Mariae und anderer Heiliger sowie eine Reihe einzeln stehender Heiligengestalten dar.

Das Münster Unserer Lieben Frau in Freiburg im Breisgau stammt mit seinem ältesten Teil (Querhaus) noch aus spätromanischer Zeit. Ab 1220 bis 1260 wurde dann in frühgotischem Stil das Langhaus errichtet und ab 1354 bis 1515 der Chor. Der Geschichte entsprechend, verteilen sich die Glasmalereien auf mehrere Jahrhunderte, wobei sich immer wieder Einflüsse von Seiten Straßburgs, der nahe gelegenen Bischofsstadt, abzeichnen. Unter vielen prachtvollen Werken sei hier als besonders eindrucksvoll die Reihe der Zunftfenster (Bäcker, Schmiede, Schuster und Schneider) zwischen 1310 und 1340 erwähnt sowie die Hochchorfenster von Hans von Ropstein und Hans Wechtlin aus dem zweiten Jahrzehnt des 16. Jahrhunderts.

Einen der reichsten und am besten erhaltenen Glasmalereibestände, elf große Zyklen, besitzt der Kölner Dom. Die Scheiben entstanden im Verlauf von drei Jahrhunderten, von 1260 bis 1560, wurden im 19. und 20. Jahrhundert komplettiert und bilden eine Kunstgeschichte für sich. Eine der Hauptleistungen sind die Fenster im Obergaden des Chores um 1304 bis 1315, die die Heiligen Drei Könige vor der Muttergottes, umrahmt von 48 alttestamentlichen Königen in Tabernakelarchitekturen vor einem großen Ornamentteppich zeigen. In seiner gläsernen Farbenpracht nicht nachstehend ist der Regensburger Dom, dessen Chorverglasung um 1300 bis 1320 in auffallend einheitlichem Stil durchgeführt wurde, wobei man manche Anregungen aus dem Elsaß verarbeitete. Regensburg war damals also ein wichtiges Glasmalereizentrum und wurde es indirekt dann noch einmal im 19. Jahrhundert, als der bayerische König Ludwig I. die von ihm neu gegründete Königliche Glasmalerei in München mit Fenstern für das Gotteshaus beauftragte; sie wurden viel diskutiert und standen im Brennpunkt öffentlichen Interesses.

Auch der Dom zu Erfurt besitzt in den Fenstern seines 1349 bis 1372 erbauten Chores Bildzyklen von seltener Geschlossenheit und außerordentlicher Erzählkraft. In seiner Ausführlichkeit besonders hervorzuheben ist das Genesis-Fenster um 1360, ein phantasievoll gestalteter Bildbericht über die Schöpfung nach der Darstellung im ersten Buch Mose, oder auch das Josephs-Fenster mit einer sich über die ganze Fläche erstreckenden Turmarchitektur, in deren Öffnungen eine Vielzahl von Szenen eingebettet ist.

Besondere Bedeutung für die Glasmalerei hat ab der Mitte des 14. Jahrhunderts Wien mit dem Neubau des Stephansdomes. Hier wird eine Werkstatt (Herzogenwerkstatt) eingerichtet, die über eine auffallend elegante, höfisch verfeinerte Formensprache verfügt und hauptsächlich für den Hof arbeitet, aber bis ins 15. Jahrhundert hinein auch auf andere lokale Ateliers in der Steiermark und in Kärnten maßgebenden Einfluß ausübte (Beispiele: Stift Rein, St. Erhard in der Breitenau, Zisterzienserkirche Viktring).

*Köln, um 1313: Kreuzigung Christi und Stifterpaar; Zweiteilig; Kreuzigung 84 x 58 cm, Stifter 57,5 x 58 cm. Wahrscheinlich aus der Agneskapelle des Hospitals am Neumarkt zu Köln; Hessisches Landesmuseum, Darmstadt.*

# Drang zum Eigenleben

Eine lange Zeit waren rhythmisch in die Fläche gesetzte Medaillons oder Paßfelder Träger der Figurenszenen. Ihnen zur Seite standen der Langpaß (das langgezogene Paßfeld), die Tabernakelarchitektur und der kleine Standbaldachin für die Einzelfiguren. Diese Architekturen nun beginnen sich im 14. Jahrhundert zu strecken, beanspruchen immer mehr Fensterfläche und werden zu vielgeschossigen Türmen. Sie sind zunächst völlig flächenhaft, konstruiert nach Art der Baurisse, die den Glasmalern durch die gemeinsame Arbeit am Kirchenbau nicht fremd waren. Bald aber entwickelt sich parallel zur Malerei ein Drang nach Räumlichkeit. So werden die Architekturen zunächst in einzelnen Teilen nur, dann insgesamt als Körper behandelt, treten vor und dehnen sich in eigengesetzlicher Perspektive in die Tiefe. Es entstehen kleine und große Raumbühnen, die anstelle der Medaillons sowohl einzelne Figuren als auch die figurale Handlung aufnehmen.

Mit dem Hang zum eigenen Bildraum löst sich die Glasmalerei von der Architektur. Sie will nun nicht mehr allein gläserne Wand in einem vorgegebenen Raum sein, sondern diesem eigene Räumlichkeiten entgegensetzen, unabhängiger sein. Wichtige Einflüsse für diese neue körperlich-räumlich bestimmte Richtung in der Kunst allgemein kommen aus dem böhmischen Kreis, der durch die Künstlerfamilie der Parler bald außerordentliche Bedeutung gewinnt und weit nach Westen ausstrahlt.

Die Folge der Raumeroberung war das Bemühen um die plastische Form, verbunden mit dem Versuch, den Realitätscharakter auch im Glasfenster zu erhöhen. Das 15. Jahrhundert sollte hier erstaunliche Lösungen finden. Genialer Meister, in dessen Werk alle früheren Versuche gipfeln, war Peter Hemmel von Andlau in Straßburg. 1447 wurde er durch Heirat einer Glasmalerswitwe Inhaber einer Werkstatt, 1475/76 Ratsherr. 1477 begründete er mit vier anderen selbständigen Meistern auf vier Jahre eine Werkstattgemeinschaft, die außerordentlich leistungsstark war und ihre Schöpfungen weithin – nach Salzburg, Nürnberg, Frankfurt, Ulm – exportierte. Hemmels Stil blieb dabei bestimmend. Er zeichnete sich aus durch groß und klar angelegte Kompositionen, eine vielfältige Szenenwahl, sicher entwickelte Räumlichkeiten, einen auffallenden Reichtum von Formen, die durch differenzierteste Bearbeitung des Schwarz-Braunlotauftrages eine Prägnanz und plastische Klarheit wie nie zuvor erreichen, und nicht zuletzt auch durch eine intensiv leuchtende, dabei aber fein abgewogene Farbigkeit.

*Meister Johannes, Rein in der Steiermark, um 1406: Flucht nach Ägypten und zwölfjähriger Christus im Tempel; dreiteilig; die Szenenfelder je 83 x 32 cm, die Architektur je 82 + 23 x 32 cm. Aus der Kreuz-(Dreifaltigkeits-)Kapelle des Zisterzienserstifts Rein in der Steiermark. Hessisches Landesmuseum, Darmstadt.*

*Rheinlande, um 1480: Hl. Antonius Eremita; 65 x 56,5 cm. Hessisches Landesmuseum, Darmstadt.*

## Einfluß der Malerei und Graphik

Gegen Ende des 15. Jahrhunderts, in der letzten Blütezeit der Spätgotik also, läßt sich allgemein eine verstärkte Bedeutung der Malerei und graphischen Künste auf die Glasmalerei feststellen. Sie hatten eine ähnliche Entwicklung zum Raume hin durchgemacht und waren der Glasmalerei, da mit weniger Bindungen belastet, hierin überlegen. So konnten sie ihr nun Vorbilder für die Themengestaltung und Raumdisposition liefern, für plastisches Modellieren und die Verwendung zartester Hell-Dunkel-Effekte. Aber nicht nur auf diese indirekte Art, sondern auch direkt im Entwurf wirkten sie sich aus. Den eigentlich schöpferischen Akt des Entwerfens übernahm nun mehr und mehr der Maler, Kupferstecher oder Reißer; dem Glasmaleratelier blieb die handwerkliche Seite, beginnend eventuell mit dem Übertragen des Entwurfs auf den Karton, die maßstabgetreue Werkzeichnung oder, falls der Karton bereits vom Künstler erstellt worden war, mit der Auswahl und Zuschneidung der Gläser, der die Bemalung mit Schwarz-Braunlot in der Formenspra-

che der entwerfenden Meister (soweit dies dem Handwerker möglich war) folgte. Berühmtes Beispiel für den Anteil eines Malers an einem monumentalen Kirchenfenster ist das Markgrafenfenster nach dem Entwurf des Nürnberger Malers und Dürer-Schülers Hans von Kulmbach 1515 in der Pfarrkirche St. Sebald in Nürnberg. Elf Meter hoch, stellt es in einer beherrschend hervortretenden Renaissance-Rahmenarchitektur das Stifterpaar Markgraf Friedrich den Älteren von Brandenburg und seine Gemahlin Sophia von Polen mit ihren acht Söhnen dar, umgeben von neun Wappen und überhöht von der Darstellung der Muttergottes im Strahlenkranz sowie Johannes des Täufers.
Für den Einfluß auf die kleinen Glasbilder sei die Standesscheibe von Basel mit Kaiser Heinrich II. um 1519 bis 1520 nach einem Entwurf von Hans Holbein dem Jüngeren im Kreuzgang des Klosters Wettingen bei Baden, Kanton Aargau, erwähnt.

## Niedergang der monumentalen Glasmalerei

Die humanistische Philosophie der Zeit um 1400 und folgenschwerer die Reformation im 16. Jahrhundert bewirkten, daß man sich die Kirchenräume hell wünschte, ohne das reiche Farbengeflecht, das die Gedanken leicht ins Mystische gleiten läßt. Man begann deshalb verschiedenenorts die alten Glasmalereien zu reduzieren und plante bei Neuschöpfungen meist nur partielle Farbverglasungen, das heißt, nur noch zeilenweise farbige Felder in den einzelnen Bahnen. Die Fläche daneben ließ man hell. So sank die Monumentalglasmalerei in den deutschsprachigen Ländern – im Gegensatz zu Frankreich und den Niederlanden – in der ersten Hälfte des 16. Jahrhunderts allmählich zur Bedeutungslosigkeit herab und überließ der Kabinettglasmalerei die Führung.

## Die Kabinettscheibe

Kabinettscheibe ist der Sammelbegriff für die in Größe und Komposition an keine konkrete Bauaufgabe gebundene, frei in eine Fensterfläche gesetzte oder davor gehängte Scheibe, ein Glasbild mit eigenem Aktionsraum, das zumindest formal austauschbar ist. Im 14. Jahrhundert wuchs es langsam aus der Monumentalglasmalerei hervor und gewann an Bedeutung, als man in diesem und im folgenden Jahrhundert begann, in größerem Maße auch profane Bauten und private Räume mit Glas zu verschließen. Leder, Pergament und bemalte Tücher ebenso wie Holzgitter waren zuvor im Gebrauch gewesen und wurden nun allmählich durch Glas ersetzt. Und mit dem Glas kamen die Glasmalereien, allem voran in die der Gemeinschaft wichtigsten Räume, in Klöster, Zunftstuben und Rathäuser.
Zwar kannte auch die Monumentalglasmalerei kleine in sich geschlossene Kompositionen in Paßfeldern, Medaillons und Maßwerk, doch waren sie bisher in viel stärkerem Maße in den Gesamtorganismus eines Fensters, sein teppichhaftes Gewebe von Formen und Farben gebettet. Nun kristallisiert sich aber das kleine Glasbild als Einzelleistung heraus, sei es, daß es in Abständen ein schlichtes Ornamentmuster ziert oder daß es beherrschend in eine sonst neutral verglaste Fensterfläche gesetzt ist.
Die alte Neutralverglasung bestand aus Rauten, Butzen (geblasenen Rundscheiben mit konzentrischen Wellen um einen Narbenpunkt) und Sechsecken in einem mehr oder weniger großmaschigen Bleinetz. Während die heutige Klarverglasung die Fenster wie ein in die Mauer gerissenes Sehloch erscheinen läßt, war das neutrale Glasfenster damals noch als abschließendes Wandelement konzipiert. Die Kabinettscheiben fügten sich deshalb zwanglos ein und liefen nicht so leicht Gefahr, von den Seiten überstrahlt zu werden und in einer zu großen Fläche zu schwimmen.
Ein Zweig dieser Gattung ging von der Grisaillemalerei aus, die von den Zisterziensern zu großer Blüte gebracht worden war. Unter Hinzunahme von Silbergelb – der um 1300 erfundenen, neben dem Schwarz-Braunlot wichtigsten Malfarbe, die aus mit Ton und Ocker vermischtem Schwefelsilber besteht und ebenfalls eingebrannt wird – entstanden meisterhafte Scheiben. Sie sind meistens sehr zart und minuziös gemalt und kommen erst bei Nahsicht zur vollen Wirkung. Zu den frühesten Beispielen gehören die spitzbogigen kleinen Grisaillen mit der Muttergottes, der Darbringung im Tempel und mehreren Heiligengestalten um 1320 bis 1330 im Schnütgen-Museum in Köln. Wahrscheinlich stammen sie aus dem Kapitelsaal oder Refektorium eines Kölner Klosters.
Der andere Zweig arbeitete weiter in der musivischen Technik, wobei mehr als bei den Grisaillen die Verbindung zur Monumentalglasmalerei hinsichtlich Komposition und Anspruch bestehen blieb. Frühe Beispiele sind die zwei großflächigen Medaillons aus der Zunftstube der Metzger im alten Schlachthaus in Frankfurt (heute im Historischen Museum dieser Stadt). Sie

*Köln um 1320 – 1330: Hl. Äbtissin; 17,5 x 12 cm. Schnütgen-Museum, Köln.*

sind gegen 1400 entstanden und zeigen in einem ornamentalen Rahmen je einen Wappenschild, der eine belegt mit dem Bild eines Ochsen, der andere mit dem eines Hirschs. Beides sind Tiere, deren Fleisch von den Metzgern in Frankfurt feilgeboten werden durfte, so daß die Scheiben also stolz die Rechte dieser Zunft versinnbildlichen.
Beredtes Zeugnis für die ab 1400 spürbare Tendenz, Kirchenräume hell zu belassen, legt die Fenstergestaltung der Gottesleichnamskapelle in der Burg zu Wiener Neustadt, der Residenz Kaiser Friedrichs III., ab. In einer Neutralverglasung sind reich ausgestattete Paßfelder eingelassen, die die Wappen der Steiermark, der Stadt Wiener Neustadt und Friedrichs III. tragen, außerdem zwei bemalte Butzen mit der Devise Friedrichs und die Jahreszahl 1440. Dem Wappen des Herrschers ist als Symbol der Stärke das Bild von Simson im Kampf mit dem Löwen beigefügt; seitlich wird es von Engeln bewacht, während die Wappen von Wiener Neustadt und der Steiermark gefesselte Bären und Affen umgeben, Sinnbilder für das Böse und Teuflische, dem durch die christliche Gesetzeswelt Schach geboten wurde. Die Scheiben zeichnen sich durch eine apart gebrochene Farbigkeit aus, Grün mit Violettblau, Lila, Gelb und Rot kommen vor.

*Steiermark (Wiener Neustadt ?), 1440: Wappen des römisch-deutschen Königs und späteren Kaisers Friedrich III.; 49 x 47,5 cm. Aus der Gottesleichnamskapelle der Burg in Wiener Neustadt; Hessisches Landesmuseum, Darmstadt.*

## Die Wappenscheibe als Dokument

Durch den wachsenden Reichtum des Bürgertums erweiterte sich der Kreis der Stiftungswilligen für die Ausgestaltung von Kirchenfenstern beträchtlich, zumal durch die Kabinettscheibe nun auch kleinere Beiträge möglich waren. Mancherorts wurde aber das Stiftungsrecht exklusiv gehandhabt, war es das Vorrecht bestimmter Kreise nur, ein Fenster mit Wappen in die bevorzugte Kirche zu stiften.
Als die Glasfenster dann auf großer Front Einzug in den Profanbau hielten, übertrug man die Idee der Fensterstiftung auch auf diesen Bereich. In zahlreichen Gegenden, so vor allem in der Schweiz und in Süddeutschland, entwickelte sich daraus die Sitte der Fenster- und Wappenschenkung. Das heißt, man ließ Scheiben mit seinem Wappen und seinem Namen nicht nur für eine Kirche oder Kapelle oder dann für das eigene Heim anfertigen, sondern man verschenkte sie privat oder als Institution (Zunft, Stadt, Gemeinde, Kanton, Kloster). Man tat dies zur Dokumentation einer politischen oder rechtlichen Situation, aus Repräsentations- und gesellschaftlichen Gründen, zur Ehrung oder als Zeichen der Freundschaft an private und öffentliche Adressen. Anlässe waren der Neubau oder Umbau eines Hauses oder einer Stube, das Erreichen einer bestimmten Stufe in der eingeschlagenen beruflichen oder politischen Laufbahn, besondere politische oder gesellschaftliche Treffen, ein Konvent oder wichtige familiäre Ereignisse. Wenn es sich um Neuausstattungen von Bauten handelte, waren diese Stiftungen die Folge von Bittgesuchen, die die Bauherren in großer Zahl an Freunde, Bekannte und Gönner – bei einem öffentlichen oder einem dem Gemeinwesen dienlichen Bau an offizielle Stellen – richteten. Da von Regierungsseite her oft auch ein Zuschuß (Geld oder Baumaterial) damit verbunden war, konnte sich der Rat der Stadt Zürich beispielsweise gegen Ende des 15. Jahrhunderts vor Gesuchen kaum retten, so daß er sie mit strengen Regeln einzudämmen versuchte. Aber auch sonst war die Liebe zur bunten Kabinettscheibe so groß, daß man sich über die Prunksucht und die im Wappenstiften sich offenbarende Selbstgefälligkeit zu entrüsten begann.
Insgesamt sind diese Stiftungen wichtige Spiegelbilder des politischen oder sozialen Selbstbewußtseins eines Landes, eines Kantons, einer Stadt, Gesellschaft oder Einzelperson. Sie mehren sich dort, wo nationales und bürgerliches Selbstverständnis einen allgemein sichtbaren Ausdruck sucht. Allen voran steht die Eidgenossenschaft, hier besonders die reichen und mächtigen Orte Bern und Zürich, dann auch Basel und Luzern, in denen die Glasmalerei seit dem Ende des 15. Jahrhunderts durch große Meister eine üppige Blüte erreichte.

## Die Schweizer Scheibe

Für offizielle Stiftungen entstand in der Schweiz der Typus der Standes- und Ämterscheibe sowie der Pannerträgerscheibe. Verantwortlich für die schulemachende Prägung der Standesscheibe war der Zürcher Glasmaler Lukas Zeiner, der um 1500 bis 1501 einen Zyklus von zehn Standesscheiben für den Tagsatzungssaal, den Saal der eidgenössischen Ständeversammlung in der Stadt Baden, schuf. Das Aufbauprinzip ist einfach und lehnt sich an Kompositionsschemata in der Monumentalglasmalerei an: eine Spitzbogenarchitektur mit figurengeschmückten Zwickeln, ein Stück Rasenboden oder eine Reihe von Bodenplatten zur Andeutung einer Raumbühne und ein Hintergrundsdamast, dessen Musterung uns heute, gemessen am eigentlichen Bild, oft zu üppig erscheint. Dem Glasmaler jedoch war er wichtig. Selbst für diese relativ kleine Fläche, wie sie die Kabinettscheibe im Hintergrund bot, brauchte er die dämpfende Schwarz-Braunlotbemalung, um ein Überstrahlen zu verhindern. Für die Form lag ein Schatz von tradierten Mustern bereit, die man mit oder ohne Schablone auftragen konnte.

*Lukas Zeiner, Zürich, um 1500 – 1501: Standesscheibe von Zürich; 48 x 34,7 cm. Aus dem Tagsatzungssaal von Baden, Kanton Aargau; Schweizerisches Landesmuseum, Zürich.*

In der Entwurfszeichnung ist der Damast so gut wie nie berücksichtigt. Er ist ein eigener Bestandteil, der erst in der Werkstatt zugefügt wurde.
In der Mittelachse, vorne im Bild, steht als zentrales Motiv die Wappengruppe: unten breit und groß der Standesschild (das Wappen des betreffenden Kantons oder Standes), darüber das Reichswappen, das seinerseits die deutsche Kaiserkrone trägt. Es wurde als Zeichen der Reichsunmittelbarkeit bis zum Ende des 17. Jahrhunderts beibehalten, obwohl Österreich bereits 1499 die Unabhängigkeit der Eidgenossen weitgehend anerkannt hatte. Zu beiden Seiten des Wappens steht ein Schildhalter, jeder mit einem Banner. Bei Zürich sind es schlanke Löwen, bei Bern Bären, bei Glarus Greife, bei Luzern bärtige wilde Männer und bei den meisten sonst kecke Kriegergestalten. Die Wahl entsprach dem traditionellen Angebot an Wappenbegleitern, bei dem es keine vorgeschriebenen Regeln gab, es sei denn, daß eine mögliche Anspielung auf den Namen, auf die Lokalgeschichte oder eine typische Volkssage eine bestimmte Figur bevorzugen ließ. In der Regel wurden aber profane Gestalten durch Heilige oder Engel ersetzt, wenn die Scheibe für eine Kirche oder Kapelle bestimmt war.
Wurden den Standesschilden aus Repräsentationsgründen die Wappen der Gemeinden, Ämter oder Vogteien hinzugefügt, spricht man von Ämterscheiben. Diese waren besonders in Bern beliebt, hatte es sich doch sehr früh eine große Anzahl von Ämtern einzuverleiben vermocht. Für die Komposition wählte man meist die Rundform, bei der die Ämterwappen als rahmender Kranz um die Wappenpyramide mit dem Standesschild liegt.
Der Pannerträger war ein in Zeichnung, Druckgraphik und in der Glasmalerei von der Spätgotik bis zum Barock beliebtes Thema, das ja oft auch die Standesscheibe aufnahm. Besonders eindrücklich aber erscheint er auf den Scheiben, auf denen er allein das Bild beherrscht. Hier hat der Söldner, Maler, Glasmaler und Dichter Niklaus Manuel Deutsch zusammen mit den Glasmalern Hans Funk oder Lukas Schwarz in Bern das Durchbruchswerk geschaffen. Es ist die Pannerträgerscheibe aus Lenk im Obersimmental um 1508 bis 1509. Der Krieger steht breitbeinig vor einer Landschaft, ist reich gekleidet und gibt sich mit seinem langen Schwert und den vielen Straußenfedern auf dem Barett auch ohne das Panner eindeutig als eidgenössischer Söldner oder Reisläufer im Unterschied zum deutschen Landsknecht zu erkennen.

*Hans Funk oder Lukas Schwarz, Bern, um 1508 – 1509: Bannerträger von Bern; 59 x 43,4 cm. Stiftung des Berner Rates in die Kirche von Lenk im Obersimmental, Kanton Bern; Bernisches Historisches Museum, Bern.*

*Mittelrhein, um 1470–1480: Vierpaßscheibe von Aßmannshausen im Rheingau; Durchmesser 34,5 cm. Wahrscheinlich aus Lorch am Rhein und dort vielleicht aus dem Schöffenhaus oder der sogenannten Junkerschule; Historisches Museum, Frankfurt a. M.*

## Von der Minne bis zum Verlorenen Sohn

Ein besonders reizvoller Scheibentypus, der nach verschiedenen Vorstufen um 1470 voll ausgebildet erschien, ist die Vierpaßscheibe. Sie kam am Mittelrhein zu höchster Blüte, tauchte in Neckarschwaben, der Schweiz und vor allem auch in Nürnberg auf, wo sie sich bis in die ersten Jahrzehnte des 16. Jahrhunderts hielt, während sie sich im übrigen schon relativ frühzeitig wieder verlor. An ihrer Ausgestaltung hatte der Hausbuchmeister, der am Mittelrhein tätige anonyme Maler, Kupferstecher und Zeichner, entscheidenden Anteil. Die Scheiben sind rund, zeigen in der Mitte das farbig ausgeführte Wappen und daran anschließend grau in grau vier Paßfelder mit Szenen aus dem höfischen Leben und seinem Abglanz in anderen Bevölkerungsschichten – mit Jagdbildern, Minneszenen und Sinnbildern für die Macht der Liebe. In dem mittelalterlichen Haus- und Rezeptbuch auf Schloß Wolfegg im Kreis Ravensburg, das dem Hausbuchmeister seinen Namen gab, findet sich eine Zeichnung mit einem Badehaus; es besitzt zweiflügelige Fenster, in deren Oberlicht jeweils eine solche Vierpaßscheibe sitzt. Die Werke sind heute weit verstreut; man findet sie im Metropolitan Museum of Art in New York, den Staatlichen Museen in Berlin, im Historischen Museum in Frankfurt und im Schloßmuseum Thun.

Besonderer Wertschätzung in Deutschland (Nürnberg, Augsburg, Köln, Niederrhein, Norddeutschland) und in den Niederlanden erfreuten sich die monolithen (das heißt nur aus einem Stück weißen Glases bestehenden) oder teilmonolithen Grisaillescheiben, teils mit Wappen, vielfach aber auch rein figürlich, oft in kleinem oder kleinstem Format. Sie wurden des öfteren als Zyklen konzipiert und später je nach Bedarf im gesamten oder auch nur zum Teil wiederholt. Ein Hauptwerk dieser Art ist der aus 12 numerierten Rundscheiben bestehende Zyklus mit Szenen aus der alttestamentlichen Geschichte von Joseph und seinen Brüdern nach dem Entwurf des Augsburger Malers Jörg Breu des Älteren um 1520 bis 1530 für die königliche Residenz in Landshut (heute im Bayerischen Nationalmuseum in München). Wiederholungen zweier Szenen ohne Nummern befinden sich im Hessischen Landesmuseum in Darmstadt, weitere im Museum Carolino-Augusteum in Salzburg und in Stift Muri-Gries bei Sarnen in der Schweiz. Auch eine niederländische Folge aus der Geschichte des verlorenen Sohnes (in einer niederländischen Umdichtung ins Volkstümliche Sorgheloos genannt) muß hier angeführt werden. Von bestimmten Szenen sind mehr als fünf Wiederholungen bekannt, die in den ersten Jahrzehnten des 16. Jahrhunderts zu verschiedenen Zeiten entstanden sind. Dabei ist klar zu erkennen, wie die Qualität abnimmt. Dies läßt sich aus dem damaligen Werkstattbetrieb erklären: Bei starker Nachfrage wurde ein bereits erprobter Riß sicher nicht mehr vom Meister, sondern vom Gesellen ausgeführt, dem die Formensprache des entwerfenden Künstlers bereits recht fremd erscheinen mochte.

## Risse und Musterbücher

Auf den Einfluß der Maler, Reißer (Entwurfszeichner) und Kupferstecher auf die Monumentalglasmalerei wurde bereits hingewiesen. Noch stärker war er bei den Kabinettscheiben, die mit ihrer Tendenz zur Bildhaftigkeit die Künstler besonders ansprachen. Ihre Entwürfe verblieben als wertvolles Kapital in der ausführenden Glasmalerwerkstatt. Sie wurden gesammelt, kopiert, verschenkt und gehandelt. Um der starken Nachfrage nach Vorlagen zu genügen, wurden im 16. und 17. Jahrhundert zahlreiche Musterbücher mit Architekturzeichnungen, mit Szenen aus der antiken Mythologie, der Geschichte sowie dem Alten und Neuen Testament, mit Allegorien und Emblemen, Jagdbildern, Trachten und anderem mehr herausgegeben. Sie wurden nicht nur von den Glasmalern, sondern auch den für sie beschäftigten Reißern ausgeschöpft. Manche von diesen waren ebenfalls gelernte Glasmaler, erwiesen sich aber im Zeichnen und Kompilieren als so geschickt und fanden so viel Anerkennung, daß sie sich mehr und mehr aufs Entwerfen verlegen und sich vom Handwerklichen distanzieren konnten.

## Die Renaissance und der Frühbarock

Nur zögernd faßte im 16. Jahrhundert der neue, in Italien geprägte Stil der Renaissance mit seinen linearperspektivischen Raumkonstruktionen bei den Malern und Zeichnern im Norden Fuß. Als sich dann der Übergang vollzog, wirkte sich dies auch auf die Glasmalerei

*Carl von Egeri (?), Zürich, 1548: Wappen des Zehngerichtebundes (Graubünden); 39,6 x 29,2 cm. Schweizerisches Landesmuseum, Zürich.*

aus, der aber trotz allen räumlichen Bestrebens der geforderte dreidimensionale Charakter fremd ist. Eine Lösung aus diesem Dilemma fand Hans Holbein der Jüngere in Basel. Unter seinem Einfluß setzte ab 1515 eine deutliche Umorganisation im architekturalen Aufbau der Scheiben ein. Man entwickelte nun dafür räumlich empfundene Gehäuse mit einem Podium, dem eine Inschriftentafel vorgesetzt werden kann, sowie schweren Säulen oder Pfeilern, die auf der Seite emporragend einen Rundbogen, Giebel oder ein gerades Gebälk tragen. Die Figuren stehen dabei meist vorne und leiten in die Architektur über, gelegentlich aber agieren sie auch auf dem Podium wie auf einer Bühne. In den oberen Ecken wird je ein kleines Bild eingesetzt, das zunächst ein untergeordnetes Leben führt, oftmals wie ein zur Architektur gehörendes Reliefbild behandelt ist, sich dann aber immer mehr verselbständigt und eine eigene Bildrealität mit Räumen erhält, die sich weit in die Tiefe erstrecken. Klar abgetrennt von der Hauptdarstellung, verlocken die sogenannten Oberbilder zum erzählenden Gestalten. Häufig sieht man deshalb oben eine Bibelszene, ein moralisch zu deutendes Ereignis aus der Geschichte oder ein auf den Besteller bezogenes Berufsbild, das nachmittelalterliches Brauchtum in aller Frische widerspiegelt.

*Hans Jakob Nüscheler, Zürich, um 1612–1620: Gang Christi nach Emmaus; 18 x 25,5 cm. Hessisches Landesmuseum, Darmstadt.*

## Die Emailfarben

Diese Entwicklung geht Hand in Hand mit einer technischen Neuerung, der Einführung der Schmelz- oder Emailfarben in die Glasmalerei. Im Gegensatz zum Schwarz-Braunlot sind sie transluzid und im Gegensatz zum Silbergelb, der zweiten alten Malfarbe, bilden sie auf der Rückseite eine dickere Schicht, die meistens etwas zu Wolkenbildung führt und also nicht die Klarheit durchgefärbten Glases erbringt. Sie wurden eingebrannt und vermochten manche Hüttengläser zu ersetzen. Das bedeutete, daß man das Bleinetz, das man bei für Nahsicht bestimmte Scheiben als störend empfand, nun erheblich zu reduzieren imstande war und figurenreiche kleine Darstellungen bringen konnte,

ohne dabei auf Farbe zu verzichten. Dies verursachte schließlich einen entscheidenden Wandel in der Gesamtkonzeption der Scheiben. Ein perfektes Beispiel für diese neue Malerei auf Glas – und nicht mehr mit Glas –, das die Tragweite dieser Entwicklung offenbart, ist das Scheibenpaar mit der Versuchung Christi und dem Gang Christi nach Emmaus, die der Zürcher Hans Jakob Nüscheler um 1612 bis 1620 schuf. Es sind reizende, beinahe naiv anmutende Landschaftsbilder mit kleinen Figuren nach dem Vorbild niederländischer Maler, ausgeführt in höchster Perfektion, doch weitab von der hohen Kunst, wie sie die alte Glasmalerei darstellt.
Eine Übergangsstufe von der alten und neuen Technik zeigt die anspruchsvollere Scheibe der Zunft »Zum Freyburger« – einer Zunft in Straßburg, in der die Wirte und die Freischaffenden vereinigt waren – aus dem Jahr 1571. Sie fällt durch nuancierte Farbabstimmung und großen Formenreichtum bei einer eher zurückhaltend, streng gebauten Rahmenarchitektur auf. Während Architektur und Wappenbild noch aus Hüttenglas bestehen, ist im Oberbild und im Hintergrund ausgiebig Schmelzblau verwendet, das mit Silbergelb zusammen auch Grün ergibt. Der Meister der Scheibe ist unbekannt; wahrscheinlich entstand sie in Straßburg unter dem Einfluß des Schaffhausener Malers, Reißers und Entwerfers Tobias Stimmer, der damals in dieser Stadt weilte.

*Straßburg, 1571: Wappen der Zunft »Zum Freyburger«; 52 x 36 cm. Aus der Zunftstube »Zum Freyburger« in Straßburg; Hessisches Landesmuseum, Darmstadt.*

*Hans Conrad Lingg, Straßburg, 1630: Wappen der Zunft »Zur Möhrin« und des Matthäus Braun; 69,5 x 59 cm. Aus der Zunftstube »Zur Möhrin« in Straßburg; Hessisches Landesmuseum, Darmstadt.*

## Erlahmen der Formenkraft

Seit etwa 1600 treten anstelle der alten Wappenbegleiter häufig allegorische Figuren. Es sind Frauen-, auch wenige Männergestalten, die durch ihre Tracht, die Gestik und die beigefügten Attribute einen abstrakten gedanklichen Begriff zur Anschauung bringen. Am häufigsten sind Tugenden – Gerechtigkeit, Klugheit, Hoffnung, Geduld sowie Glaube und Liebe –, aber auch die Religion, die Eintracht, der Friede etc. kommen vor. Sie werden wie ein Versprechen oder ein Beweis moralischer Gesinnung dem Wappen des Auftraggebers beigefügt und beleben, zum Teil herrlich gestaltet, die Komposition auf sinnvolle Weise. Bereits drei Jahrzehnte später wird darauf aber nicht mehr so viel Gewicht gelegt. Wie drastisch sie verkleinert werden können und nun selbst zu einfachen Attributen einschrumpfen, wenn die repräsentativen Ansprüche des Auftraggebers und sein Wunsch auf Selbstbespiegelung dies erfordern, wird auf einer Straßburger Scheibe von 1630 ersichtlich. Sie ist von Matthäus Braun aus Anlaß seiner Erwählung zum Ammeister der Stadt gestiftet worden. Neben seinem Wappen in der Mitte oben thronen klein Pax und Bellona, Friede und Krieg. Im übrigen stellt die Komposition eine Art Verherrlichung der Zunft »Zur Möhrin« (Zunft der Salz- und Früchtehändler sowie der Ladenbesitzer etc.) dar, aus der der Erwählte stammt. In einer großen Anhäufung von Wappen verewigt sie nicht nur den Ammeister, sondern auch andere frühere und gleichzeitige Würdenträger, die die Zunft stellte. Die Scheibe ist ein seltenes signiertes Werk von Hans Conrad Lingg aus einer Straßburger Glasmalerfamilie, deren Stammvater gegen Ende des 16. Jahrhunderts aus Zug in der Schweiz in die Münsterstadt eingewandert war.
Trotz solcher malerisch reizvoller Werke ist nicht zu übersehen, daß im 17. Jahrhundert der Impetus in der Glasmalerei in Deutschland und bald auch in der Schweiz erlahmte. Verbindungen zur Fayence-Hausmalerei bahnten sich an, da für die Glasmaler nun eine zweite Erwerbsquelle wichtig wurde und sie die Technik der Schwarz-Braunlotmalerei hierhin übertragen konnten. Durch die politischen Umstände bedingt, büßte die Glasmalerei die gesellschaftliche Bedeutung ein, die sie einst innehatte. Die Aufträge nahmen ab, Formenkraft und Brillanz verloren sich mehr und mehr, bis sich das 18. Jahr-

*Mittelrhein, 1656: Familienbild des Metzgers Hans Lutz von Weinheim und Apostelgruppe; 47,3 x 70 cm. Möglicherweise aus Neckarsteinach. Hessisches Landesmuseum, Darmstadt.*

hundert infolge der Aufklärung dann ganz von der alten Kunst abkehrte.
Ein bescheidenes Nachleben auf volkstümlicher Ebene führte sie noch im Norden Deutschlands, wo sich der jahrhundertealte Brauch des sogenannten Fensterbiers fortsetzte. Man schenkte bei einem Richtfest dem Bauherrn eine oder mehrere bemalte kleine Scheiben und wurde dafür am Tag des Einsetzens der Fenster zum Fensterbier geladen. Dies pflegte oft ein recht kostspieliges Fest zu sein und rief wiederholt solche Geldprobleme hervor, daß gesetzliche Vorschriften notwendig wurden. Die Scheiben, meist zügig gemalte Grisaillen, zeigen neben den Wappen und Stifternamen religiöse Darstellungen, Genreszenen (Jäger mit Hund, Nachenfahrt, der Weintrinker, die Näherin), Kostümbilder, Reiter mit wild erhobener Pistole als Ausdruck mutigen Verteidigungswillens, auch Paare als Sinnbild der Fruchtbarkeit und des Fortbestandes der Familie.
Anders als auf dem Kontinent verhielt es sich in England und Irland, wo man sich in der zweiten Hälfte des 18. Jahrhunderts in dem Maße der Glasmalerei (der monumentalen und der Kabinettscheibenmalerei) widmete, wie sie bei uns in Vergessenheit geriet. Zu erwähnen sind der als »faul und zügellos« berüchtigte Ire James Pearson, der eine Reihe monolither Scheiben profanen Inhalts von größtem Reiz und unwahrscheinlicher Eleganz schuf, sowie Thomas Jervais, der zwischen 1777 und 1785 das große Westfenster des New College in Oxford nach den Entwürfen des berühmten Malers Sir Josuah Reynolds ausführte. Das Fenster ist in Komposition und Farbigkeit mit einem überdimensionalen Ölbild zu vergleichen, bei dem die ebenmäßige, aus Rechtecken bestehende, für die Stabilität unumgängliche Verbleiung dank der Verwendung von Schmelzfarben wie ein vorgesetztes, die Zeichnung durchschneidendes Gitter wirkt. Blutlos und von mangelnder Vitalität, wie es ihm immer wieder vorgeworfen wird, dabei aber auch von aristokratisch distanzierter Vornehmheit! Gleichzeitig begann man in England, die auf dem Kontinent nun unmodern gewordenen Kabinettscheiben voriger Jahrhunderte – vornehmlich aus der Schweiz und den Niederlanden – zu sammeln und in großen Mengen zur Verglasung von Schlössern und Kirchen einzuführen. Tonangebend für das Interesse war Horace Walpole, der Kunstmaler, Kunstkenner und Schriftsteller, dessen Villa »Strawberry Hill« in der Nähe von Twickenham in England durch eine erste Rückerinnerung an gotische Formen Berühmtheit erlangte. Sie beherbergt noch heute eine der kleinen Scheiben von James Pearson.

## Neuer Aufbruch

Auf dem Kontinent waren um 1800 die Techniken der Farbglasherstellung und der Glasmalerei mit einbrennbaren Farben weitgehend vergessen. Da die Kunst nun aber in romantischer Neubesinnung wieder an Interesse gewann, begann man sich mancherorts intensiv darum zu bemühen, ihr Geheimnis in chemischer, farbentheoretischer und ästhetischer Hinsicht zu ergründen. Der wichtigste Beitrag kam von seiten der Keramik: Die großen Schrittmacher wie Siegmund Frank in Nürnberg und München, Joseph Sauterleute in Nürnberg, Gottlob und Gottlob Samuel Mohn sowie Anton Kothgasser in Wien waren gelernte Porzellanmaler. Auch in Frankreich ging die Bewegung von einer Porzellanmanufaktur aus, der in Sèvres bei Paris. Da die Herstellung von Farbgläsern zunächst Schwierigkeiten verursachte und noch manche Versuche erforderte, arbeitete man vorerst mit Schmelzfarben, um diese dann aber nach und nach zurückzudrängen und zur musivischen Technik überzugehen. Die Vorlagen holte man sich aus der alten Malerei und Graphik, oder man ließ Entwürfe von zeitgenössischen Malern anfertigen. Dies brachte mit sich, daß lange Zeit noch große Unsicherheit in der Bewertung des Bleinetzes und seiner Integration in die Komposition bestand.
Durch höchste Gönner gefördert, wurden in der ersten Hälfte des 19. Jahrhunderts entscheidende monumentale Aufgaben wie die Fenster im Dom zu Regensburg, die Fenster der Mariahilf-

*Stephan I. Kellner, Nürnberg, um 1840–1850: Anbetung der Hl. Drei Könige; 44 x 35 cm. Hessisches Landesmuseum, Darmstadt.*

Kirche in der Münchner Vorstadt Au sowie die Fenster der Grabkapelle der Orléans in Dreux ausgeführt. Die Franzensburg in Laxenburg bei Wien erhielt ihre Verglasung, die aber meist aus kleinen Bildern in elegant gegliederten hellen Flächen bestand. Eine Ausnahme bildete das große Medaillon mit Porträts der Familie Kaiser Franz' II. im Speisesaal der Burg, 1823 vollendet. Die Porträts zeichnete der Maler Ludwig F. Schnorr von Carolsfeld, die Ausführung mit Farbgläsern, Schmelzfarben, Schwarzlot und Silbergelb sowie aufgeschmolzenen »Edelsteinen« und Glasperlen besorgte Gottlob Samuel Mohn. Mag das wichtigste Ziel anfangs das Schaffen neuer Kirchenfenster gewesen sein, die Kabinettscheibe ist immer gepflegt worden. Nachdem der Erfolg der großen Unternehmungen feststand und diese allgemein diskutiert wurden, erlebte das profane Glasbild einen Aufschwung ohnegleichen. Ein eifriger Mäzen muß der Handelsgerichtsassessor und Kaufmann Johann Jacob Hertel in Nürnberg gewesen sein, der sich sehr früh der Glasmalerei angenommen hat. Seine Sammlung enthält bedeutende Werke von Sauterleute und Frank und befindet sich heute als Leihgabe der Stadt im Germanischen Nationalmuseum in Nürnberg.

Eigenartig und kennzeichnend für die Aufbruchsstimmung auf dem Gebiete der Glasmalerei ist die Ankündigung, die 1819 in mehreren preußischen Blättern durch Deutschland ging. Sie stammt von einem Reiner Birrenbach, der darin mitteilt, daß er das verlorene

*Reiner Birrenbach (?), Köln, um 1800: Zechende Bauern; 22 x 27,5 cm. Aus der Sammlung des Baron von Hüpsch in Köln. Seit 1805 Hessisches Landesmuseum, Darmstadt.*

Geheimnis der Glasmalerei in allen seinen Teilen wiedergefunden habe, daß er dreißig Jahre lang um diese Kunst nun bemüht gewesen sei, jetzt im sechsten Jahrzehnt seines Lebens stehe und sein Geheimnis mit ins Grab nehmen würde, wenn er für dessen Offenbarung keine Abfindung bekäme. Einige Werke mit Bauernszenen nach dem Vorbild des niederländischen Malers Teniers schenkte er dem Sammler Baron von Hüpsch, der seinen Besitz 1805 dem Museum in Darmstadt hinterließ. Die eine Scheibe, die man dort noch mit ihm und Birrenbach in Verbindung bringen kann, wirkt ungelenk im Farbauftrag und ist von reizvoller Derbheit.

Drei bis vier Jahrzehnte später erlangte man dann aber eine wahre Perfektion, Bilder und Graphiken berühmter, als Genies verehrter Maler wie Albrecht Dürer, Jan van Eyck und Guido Reni auf Glas zu übertragen, wo sie, wie man glaubte, dank des durchscheinenden Lichtes eine noch stärkere Ausstrahlkraft erhalten. In der zweiten Hälfte des 19. Jahrhunderts war die Entwicklung so weit, daß dieser Art der Malerei eine Palette von ca. 60 transparenten und beinahe ebenso vielen matten Farben zur Verfügung stand. Sie wurde für kleine Scheiben, besonders aber in der Münchner Schule auch für große Fenster von solcher Künstlichkeit verwendet, daß sich starke Fronten dagegen bildeten. Die Rückkehr zum musivischen Fenster wurde propagiert, und man stellte dafür folgende Programmsätze auf: gleichmäßiger Farbenteppich ohne jegliche Verwendung von Schmelzfarbe, Gleichberechtigung von Ornament und Figur in der Gesamtkomposition, Berücksichtigung des Materials, des Glases, bereits im Entwurf und Lösung von der Bindung an die Malerei, sodann kräftige Konturen und solide Verbleiung. Diese Aufstellung ist charakteristisch für eine restaurative Phase, die ihre großartigste Verwirklichung allerdings nicht in Deutschland, sondern bereits etwas früher in Frankreich fand. Ihr Hauptmeister war der Architekt und Restaurator Viollet-le-Duc, der zwar zunächst noch mit dem Maler Jean Auguste Dominique Ingres Entwürfe für das Mausoleum der Orléans in Dreux schuf, dann aber entschieden umschwenkte zum nach mittelalterlichem Vorbild konstruierten Fenster.

In England, das häufig Aufträge nach Deutschland vergab und noch verschiedentlich Werke der Münchner Schule in seinen Kirchen bewahrt, wurde das Problem von der ästhetischen Eingliederung des Bleinetzes auf eigene Weise angegangen. 1861 schlossen sich hier William Morris und Edward Burne-Jones mit anderen Künstlern aus dem Kreis der Präraffaeliten zu einer Gemeinschaft zusammen, die das Kunsthandwerk im künstlerischen und sozialen Sinn zu erneuern trachtete. Für die Glasmalerei hieß das, sie von den Bildvorlagen der Renaissance mit ihren weiten Räumen wegzuführen, sie überhaupt aus der Abhängigkeit der Malerei zu befreien und für das Glas adäquate Lösungen zu finden, dabei einen eigenen Stil zu schaffen. Als Vorbild nahm man dafür die linienbewußten Werke der Hoch- und Spätgotik sowie der Frührenaissance, ohne sich jedoch in einem zu eng verstandenen Historismus sklavisch anzulehnen. Man verwendete dafür dünne, kaum je sattfarbene Gläser, liebte zarte Grisaillemalerei und bekannte sich zum rhythmisch gegliederten, die Zeichnung bejahenden Bleinetz. So bildete sich mit Morris, Burne-Jones und einigen anderen begabten viktorianischen Glasmalern ein englischer Stil, der in der Folgezeit nachhaltigen Einfluß auf die deutsche und schweizerische Glasmalerei ausübt. Der Niederschlag war so groß, daß man noch 1913 bei einer Glasmalereiausstellung in Zürich voller Genugtuung das Fehlen präraffaelitischer Ritter und Ritterfräuleins aus zu dünnen Gläsern feststellte.

*William Morris, Studio, England um 1870: Musikantin mit Zimbeln; 91,5 x 63,5 cm. Hessisches Landesmuseum, Darmstadt.*

## Die Stilkunst um 1900

Nachdem durch die Industrialisierung Arbeits- und Wohnbereich voneinander getrennt wurden, erhielt das Heim, in dem sich der Mensch in seinem eigenen Rahmen zeigen und sich seinen Gedanken hingeben kann, eine neue Bedeutung. Für die erwünschte Ablösung von der Realität kam der Glasmalerei eine wichtige Rolle zu, doch, bemerkt man, mit einiger Zurückhaltung, nicht in ständig bewohnten Räumen und nur, wenn sie von einem Künstler mit erstklassigem Geschmack stammte. Diese elitäre Tendenz wurde nach der Jahrhundertwende aufgegeben. Gleichzeitig aber warnte man immer wieder vor dem allzu Schreierischen, dem Billigen und Süßlichen. Eine Aufgabe für die Glasmalerei sah man als Raumunterteiler, als Lichtkuppel und als Fensterverschluß bei unschönen Ausblicken oder für einen Stimmungsraum; ferner gestand man ihr Zauberkräfte im Eingang oder im Treppenhaus zu. Besondere Zukunft gab man der Kabinettscheibe, wenn sie von guten Künstlern entworfen und von sorgfältigen Werkstätten in größerer Zahl ausgeführt, im Handel zu einem vernünftigen Preis für jedermann zu erwerben sei. Die Vermarktung aber bewirkte das Gegenteil; durch gedankenlose Produktion verwirkte die Glasmalerei hier ihre Chance.

# Glassorten

Die Bemühung um ästhetisch befriedigende Lösungen im Verband mit der Architektur wurde getragen von einer intensiven Entwicklung in der Farbglasherstellung seit dem zweiten Viertel des 19. Jahrhunderts: vom dünnen, grellen französischen Glas mit sehr glatter und daher stark abstrahlender Oberfläche über das zuerst in England herausgebrachte, farbig zarte und transparente Kathedralglas, das, gegossen und gewalzt, eine narbige Oberfläche besitzt und bei Durchlicht ein eigenes Leben entwickelt, bis hin zum Antikglas nach mittelalterlichem Vorbild, das der ideale Träger für die Schwarzlotmalerei bildet. In Amerika entwickelten John La Farge und Louis Comfort Tiffany das Opaleszentglas, von dessen Eigenschaft ein deutsches Kunstblatt 1885 begeistert berichtete. Es ist gänzlich undurchsichtig, lichtdämpfend und alabasterhaft schimmernd, weist im Innern streifig verlaufende Formationen und Texturen auf, die viele Farbnuancierungen ermöglichen, und bewahrt auch bei Auflicht viel von seiner Wirkung. Es wird in relativ dicken Schichten gegossen und kann in weichem Zustand noch speziell geformt werden. Der Bemalung ist es weitgehend unzugänglich, so daß die Zeichnung ganz auf das Bleinetz entfällt. 1893 wurde die neue Errungenschaft von Hans Christiansen und Karl Engelbrecht, einem Jugendstilkünstler und einem Glasspezialisten, die zusammen mit anderen Handwerkern von Hamburg zur Weltausstellung nach Chicago fuhren, mit nach Deutschland gebracht. Hier wurde sie zusammen mit anderem gegossenem und oberflächig behandeltem Glas – Reliefglas – viel verwendet. Es begann nun allgemein ein echtes künstlerisches Spiel mit dem Glas, das bald durchscheinend zart, bald konsistent und zäh, glatt funkelnd, in Hoch- und Tiefkontrasten unruhig aufleuchtend, milchig trüb, farbig verschwommen oder intensiv und klar, nur kunstvoll zugeschnitten und geformt oder auch bemalt war. Um seinen Materialcharakter zu betonen, wurden bisweilen gegossene Sterne, Butzenscheiben, steinartige Brocken aus zerschlagenen Glasklumpen, reich facettierte, wie Brillanten oder Farbedelsteine geschliffene wasserklare Glasstücke sowie natürliche Muscheln in die Fläche mit eingefügt.

Für künstlerisch anspruchsvolle Häuser, bei denen man Wert auf eine spezielle Verglasung legte, zogen die Bürger berühmte Einrichtungsfirmen heran, die dann meist auch die übrige Ausstattung besorgten. Besonders bekannt ist nicht nur in England, sondern auch

*William Francis Dixon, München um 1895: Hl. Cäcilie (links); 204 x 71 cm. Geschaffen angeblich für die St. Rochuskapelle bei Bingen. Um 1900: Verkündigung an Maria (rechts); 163 x 52 cm (Ausführung Franz Mayer'sche Hofkunstanstalt). Sammlung der Franz Mayer'schen Hofkunstanstalt, München.*

auf dem Kontinent die englische Firma Baillie Scott. Bisweilen beauftragte man aber auch direkt einen renommierten Künstler, wie zum Beispiel Hans Christiansen, ein bestimmtes Fenster zu gestalten. Die Beispiele sind nicht eben häufig. Die Mehrzahl der Hausbesitzer wandte sich, in Absprache mit dem Architekten vielleicht, an eine einheimische Kunstglaserei oder Glasmalerwerkstatt, die nach Musterbüchern arbeitete, beziehungsweise eigene Wünsche (Motive nach Photos, Graphiken oder Bildern) in jeder Größe erfüllte. Bestimmte Partien und Motive konnte man sich auch bei Großfirmen nach Katalog bestellen und sie dann vom Kunstglaser geschmackvoll einbauen lassen. Generell herrschte das Prinzip vor, Modisches, das heißt die Eleganz eines verbleiten Farbfensters, mit den praktischen Erwägungen wie Lichtbedarf und Aussichtsmöglichkeit zu verbinden, ohne finanziell zu große Opfer zu bringen und sich bei einem Raum stimmungsmäßig zu sehr festzulegen.

Stilistisch variierten die Fenster stark. Das Bewußtsein um das historische Erbe war von der Gründerzeit über den Jugendstil immer latent, und die Vergangenheit, an der man sich dauernd maß, bot eine ganze Reihe nachahmbarer Stile: So werden in der Glasmalerei der antike, der byzantinische, der romanische und der gotische Stil genannt, aber auch die Renaissance, das Rokoko und Biedermeier zitiert. Man erkannte dabei auch, daß Ausdruck und Anspruch, formale Gestaltung und geistiger Gehalt sich entsprechen müssen und daß nicht jeder Stil für jeden Raum in Frage kommt. Am populärsten aber war doch der neue flächenhafte Stil, der seinen Namen von der ihn propagierenden Münchner Zeitschrift »Jugend« erhielt. In der Glasmalerei drückte er sich durch eine betonte Orientierung an der Natur aus, die die meisten Themen lieferte und Ausgangspunkt für die Form war. Sie wurde jedoch nicht realistisch genau übernommen, sondern auf ihre Grundform zurückgeführt und ins Ornamentale umgesetzt. Das heißt, es bestand von vornherein die Tendenz zu betonter Künstlichkeit trotz aller Hinneigung zur Natur; auf diese Weise hoffte man unvergängliche Schönheit

*Hans Christiansen, Paris, 1899 (Ausführung Karl Engelbrecht, Hamburg): Dreiteiliges Fenster mit Parkallee. Opaleszentglas, zum Teil doppelschichtig; 156 x148 cm. Aus der Kaminecke im Eßzimmer des Wohnhauses Kahn-Starré in Mannheim. Hessisches Landesmuseum, Darmstadt.*

*Gustav van Treeck, München, um 1900, Jagdstilleben, 57 x 45 cm. Sammlung Glasmalerei Gustav van Treeck, München.*
◁

*Bonn, um 1900–1905: Fenster mit Papagei; Wohnhaus Mirbachstraße 2a, Bonn.*
▽

zu schaffen. Häufig findet man Darstellungen von Landschaften mit Bergen und Seen, stillen Weihern, Gartenlauben, Gräsern, Blumen und schlanken Bäumen vor blauem Himmel. Dahinter stand die Vorstellung zu zeigen, was ein Blick aus dem Fenster in idealer Umgebung wirklich bringen könnte. Der Einfluß der damals wieder geschätzten illusionistischen Wandmalerei ist zu verspüren. Um den Illusionismus beim Fenster, dem ornamental ästhetisierten Naturbild zwischen Schein und Sein noch weiter auszuspielen, pflegte man das Fensterbrett davor gerne mit Blattpflanzen in Töpfen zu schmücken, ein Stück echter Natur, das die Verbindung zu Raum und Mensch schuf.

# Kunst und Kunstgewerbe

Der neue Stil blieb nicht unkritisiert; Stimmen meldeten sich, die bemängelten, daß er nur kunstgewerbliche Schmuckwirkung hervorbringe, mehr ein Tändeln mit Formen sei, als echte Seele zeige. Adäquat zu dieser Auffassung machte es sich der aus Münster in Westfalen gebürtige Glasmaler, Buchkünstler, Schriftsteller und Entwerfer Melchior Lechter zur Aufgabe, der Glasmalerei neue Werte und die mystische Kraft zu verleihen, die sie im Mittelalter besaß. Der Künstler siedelte nach Berlin über und trat dort dem Kreis um den Dichter Stefan George bei. 1896 stellte er zum ersten Mal Glasmalereien – und zwar die in seinem eigenen Heim – vor. Er hatte großen Erfolg und erhielt im Folgenden bedeutende Aufträge, unter anderem auch für ein Fenster im Kaufhaus Wertheim in Berlin und dem Museum in Münster in Westfalen. Auch kleinformatige Scheiben entstanden von seiner Hand. Bedeutendstes Beispiel ist der »Schweigende Wächter«, dessen Bild er so mit religiös philosophischen, okkultisch gefärbten Gedanken überlud, daß er dazu eine eigene Schrift mit ausführlicher Deutung herausgeben mußte. Die Bedeutungsgeladenheit seiner Werke brachte ihm Bewunderung ein, auf der anderen Seite aber auch schroffe Ablehnung.

Sein schärfster Kontrahent war Gottfried Heinersdorff, Leiter einer großen Glasmalereiwerkstatt in Berlin. In ihr wurden die Werke Jan Thorn Prikkers ausgeführt, der der eigentliche Antipode Melchior Lechters war. Zunächst war er selbst kein ausgebildeter Glasmaler, sondern entwarf die Fenster nur. Sodann trieb ihn weniger ein gedanklicher Symbolismus als ein archaischer, unmittelbar sprechender und auf die Architektur ausgerichteter Formenwille, wie dies sein herrliches Fenster in der Bahnhofshalle in Hagen und die Fenster in der Pfarrkirche Heilige Drei Könige in Neuss zeigen. In der neu aufflammenden Streitfrage, ob, um perfekte Ergebnisse zu erzielen, Kartonzeichner und Glasmaler in einer Person zu vereinen seien, wies Heinersdorff abschätzig auf Melchior Lechter hin, in dessen Werk sich sämtliche Nachteile einer Personalunion offenbaren würden. Seine Schöpfungen seien Ausstellungsobjekte für Kunstgewerbemuseen, Atelierphantasien mit allegorisch romantischen Ideen in zu gut verstandener Gotik, angelehnt an den englischen Präraffaelismus.

*Melchior Lechter, Münster/Westfalen – Berlin 1916: Der schweigende Wächter; 76 x 50,5 cm. Hessisches Landesmuseum, Darmstadt.*

# Irische Märchenwelt

Anfang des 20. Jahrhunderts bahnte sich auch in Irland eine große glasmalerische Bewegung an. In Dublin wurde an der Städtischen Kunstschule eine Sektion für Glasmalerei eröffnet und das »Tower of Glass-Atelier« gegründet, in dem mit- und nacheinander eine Reihe namhafter Künstler arbeiteten: Sarah Purser, die sich zuvor als Porträtistin einen Namen gemacht hatte, Michael Healey, Wilhelmina Margaret Geddes und schließlich auch Evie Hone. Neben ihnen war in einem eigenen Atelier Harry Clarke tätig, dessen Vater ein Geschäft für Kirchenausstattung besaß. Die dort eingerichtete Glasmalereiabteilung und Glasmalerwerkstatt wurde die Basis für den künstlerischen Start des jungen

*Evie Hone, Dublin/Irland; um 1954: Auferstehung; 60,5 x 52,7 cm, National Gallery of Ireland, Dublin.*

Mannes. In der Linienführung, der Figurenzeichnung und in der Vorliebe für flimmernde Hell-Dunkel-Kontraste war er von Aubrey Beardsley beeinflußt. Er schuf vielfach nach literarischen Vorlagen eigenwillige Kompositionen von märchenhaft versponnenem Reiz, wobei er die tragenden Elemente der Erzählung gerne in einen kleinteiligen funkelnden Ornamentteppich einmünden ließ. Eingeätzte Lichtpunkte lassen ihn geheimnisvoll aufschimmern. Am üppigsten blühte Clarkes Phantasie bei kleinen Scheiben, die häufig in edel gearbeitete, eigens dafür angefertigte Lichtkästen gesetzt wurden. Aber auch größere Fensterkompositionen für Wohnhäuser atmen diesen Zauber, wie das zweiflügelige Fenster mit der Illustration eines Gedichtes von John Keats »The Eve of St. Agnes« aus dem Jahre 1924 in der Hugh Lane Municipal Gallery of Modern Art in Dublin beweist. Die kirchlichen Werke sind dagegen traditioneller und gleichen sich dem üblichen Formenapparat an.
In unnachahmlicher Technik und höchster Kunstfertigkeit verwendete Harry Clarke oft drei Farbglasschichten hintereinander und bearbeitete jede einzelne. So erreichte er das farbige Flimmern und das tonige Ineinanderfließen der Farben, das seinen Werken optische Tiefe verleiht. Dabei sind seine Werke ausgesprochen in Glas gedacht und laufen niemals Gefahr, als durchleuchtete Bilder empfunden zu werden, wie dies bei Schmelzmalerei gerne geschieht. Sie zeigen einen sehr persönlichen Stil, den der Künstler zur Perfektion ausfeilte, der es ihm aber nicht ermöglichte, sich im Laufe der Zeit einer modernen Kunstströmung anzupassen und neue Ideen aufzunehmen.
Im Gegensatz zu ihm steht Evie Hone, die 1921 bis 1931 in Frankreich Malerei studierte und im Zusammenklang mit der Entwicklung der Malerei dort nach flächenhaften, klar überschaubaren Kompositionen suchte. Verworrene Verzierung und Säureätzen lehnte sie ab, um die Wirkung des reinen Farbglases zu bewahren. Ihr Ziel war, ihren Schöpfungen die Ruhe und Würde mittelalterlicher Glasfenster zu verleihen.

## Von schwingenden Bleilinien zum Beton

Frankreich hat nach der eindrucksvollen restaurativen Phase, die unauflösbar mit dem Namen des Architekten und Restaurators Viollet-le-Duc verbunden ist, der Glasmalerei in der Epoche der Art Nouveau durch Einzelleistungen zu großem Ruhm verholfen. Eugène Grasset und Jacques Gruber sind zu nennen, sodann spielte eine wichtige Rolle der aus Hamburg stammende Kunsthändler Samuel Bing, der 1889 mit dem Amerikaner Tiffany eine Gesellschaft gründete und von ihm eine Reihe von Fenstern nach Entwürfen zeitgenössischer französischer Künstler (zum Beispiel Henri de Toulouse-Lautrec) ausführen ließ.
Bezüglich der Glasmalerei im Bürgerhaus waren die Franzosen (von einigen Städten wie Nancy abgesehen) zurückhaltender als die Deutschen. Als sich nach dem Art Nouveau in den dreißiger Jahren eine neue Bewegung in der Glasmalerei einleitete, war es auch nicht der Profanbau, sondern die Kirche, die sich als Träger anbot. Schlüsselwerk ist der Fensterzyklus in der Kirche Notre Dame de Toute Grâce in Assy/Haute Savoy, für den Fernand Léger, Marc Chagall und Georges Rouault Entwürfe schufen. Alle drei Künstler waren Maler, wobei aber Rouault einmal als Lehrling in einer Glasmalerwerkstatt gearbeitet hatte. Assy bildete den Auftakt für die teilweise sehr intensive Beschäftigung bedeutender französischer Künstler mit der Glasmalerei im Monumentalbereich; zu erwähnen etwa die vom Architekten Le Corbusier selbst gestalteten Fenster in der Wallfahrtskirche von Ronchamp in den Vogesen, 1950 bis 1955, der von Léger entworfene Fries mit den Leidenswerkzeugen Christi (Lanze, Schwamm etc.) in der Kirche Sacré-Cœur in Audincourt, 1950 bis 1952, sowie der abstrakte Farbzyklus von Alfred Manessier in der Krypta des Essener Münsters.
In Verbindung mit neuen Baumethoden wurde in Frankreich und den USA eine Methode der Glasmalerei entwikkelt, die sich bald allgemein großer Beliebtheit erfreute. Es ist die Technik in Dalle-de verre oder Dickglas, die die Glaswand sogar in ein tragendes Element innerhalb des Baugefüges verwandeln kann. Dickglas oder Massivglas besteht aus gegossenen, ca. 2,5 cm dicken Glastafeln, die wie das andere Glas zugeschnitten und bisweilen noch künstlich gemuschelt werden, um eine besonders reiche Facettierung des Lichts zu erreichen. Die geschnittenen Glasstücke werden dem Entwurf entsprechend zusammengesetzt und statt in Blei in Beton oder Epoxyharz gefaßt.
Verdichtung der Form, tektonischer Bildaufbau und starkfarbene großflächige Kompositionen sind die Forderungen, die Thorn Prikker von der zeitgenössischen Malerei auf die Glasmalerei übertrug und somit, gefolgt von seinen Schülern Heinrich Campendonck und Anton Wendling, Bahnbrecher für eine neue monumentale Glasmalerei in Deutschland wurde. Unter ihnen entfaltete sich phantasievoll und reich das abstrakte Ornament, das in den Glasteppichen im Chor des Aachener Münsters von Wendling 1951 eine wahre Apo-

*Johannes Schreiter, Langen/Hessen 1979 (Ausführung mit der Franz Mayer'schen Hofkunstanstalt, München): Fenster im kleinen Trauraum des Rathauscenters Ludwigshafen, Rhein. Plexiglas weiß, mit Echtantikglas-Akzenten in Weiß, Grau und Grün.*

theose erlebt. Abstrakte Formschöpfungen tauchen auf bei Georg Meistermann (Glaswand »Farbtöne der Musik« für das fünfstöckige Gebäude des Westdeutschen Rundfunks in Köln), Ludwig Schaffrath (Kreuzgang des Aachener Domes 1962 bis 1965) und Johannes Schreiter (St. Johannes in Kitzingen am Main 1959 bis 1964), um nur einige wenige zu nennen. In Verbindung mit den Architekten, die beim Wiederaufbau nach dem letzten Krieg in oft großartiger Weise Glaswände in ihre Projekte miteinbezogen, haben diese Künstler zusammen mit vielen anderen Leistungen erbracht, die sich mit denen des Mittelalters messen können. Nicht zu vergessen sind dabei die Werkstätten, die an der Entwicklung maßgebenden Anteil haben.

Interessant sind aus jüngster Zeit zwei sehr konträre Versuche, mittelalterliche Bauwerke mit adäquaten Farbfenstern zu versehen: einmal in einem dem Bauwerk auf moderne Weise angepaßten Stil, einmal unabhängig als eine eigene Welt, eine im Glas sich öffnende neue Dimension. Gemeint sind die Katharinenkirche in Oppenheim am Rhein, in deren immensem Westchor bis heute drei Fenster von Heinz Hindorf und Gustl Stein eingesetzt sind, sowie die St. Stephanskirche in Mainz, für deren Chorfenster man Marc Chagall heranzog.

Gegenüber den vielen großen Aufgaben spielte das freie Glasbild, die Kabinettscheibe, erst nur eine untergeordnete Rolle. Es entstand als Gelegenheitsarbeit, die den Künstler reizte, weil er hier nicht dem Diktat der Architektur unterworfen ist und frei vom Zwang zur Monumentalität mehr spielerisch mit dem Glas umgehen kann. Erst seit den sechziger Jahren erlangt es als eigenständige Kunstaussage Anerkennung und versucht nun, einen Platz im modernen Alltag zu gewinnen. Auffallenderweise haben bei uns bisher die Architekten und Innenraumgestalter von seinen Möglichkeiten noch wenig Gebrauch gemacht, obwohl wir wieder zu Farbe und Ornament in der Einrichtungsmode übergegangen sind, also nicht nur funktionsbetont wohnen. Wahrscheinlich ist man sich noch zu wenig bewußt, daß das Glasbild eine echte künstlerische Aufgabe und mehr als nur eine vorübergehende hübsche Zier sein kann.

*Horst Hähle, Köln-Weiden, 1979: Aufbruch; 86 x 61 cm. Hessisches Landesmuseum, Darmstadt.*

## New Glass

Seit dem späten 19. Jahrhundert haben auf dem Gebiete der Glasmalerei in Unterbrechungen Beziehungen zwischen Deutschland und den USA bestanden, wobei es bei Exporten einmal auch zu Zollstreitigkeiten kam. In den letzten Jahrzehnten nun steht aber nicht mehr so sehr der Export als der künstlerische Austausch im Vordergrund. In den fünfziger Jahren haben die Amerikaner Robert Sowers und Robert Pinart in Deutschland gearbeitet, gefolgt später von einer großen Zahl weiterer Künstler, die sich in Deutschland auf diesem Gebiet orientierten. Eine wichtige Rolle der Vermittlung spielte Ludwig Schaffrath, sei es bei der Arbeit im eigenen Studio, sei es durch seine Lehrtätigkeit in dem um die moderne Glasmalerei intensiv bemühten England oder in den USA. Schaffraths Kunst war und ist für viele Amerikaner vorbildlich und stellt für sie eine solche Herausforderung dar, daß sie selbst in humorvoller Ironie von einer Schaffrathization sprachen.

In Amerika arbeiten zur Zeit etwa 5000 hauptberufliche Glasdesigner. Sie sind in großen Studios angestellt, in denen sowohl nach modernen Entwürfen als auch auf Wunsch der Auftraggeber nach Vorlagen anderer Zeiten in anderen Stilen gearbeitet wird. Schaffrath berichtet zum Beispiel von einer Werkstatt in Philadelphia, die eine Bibliothek mit mehreren tausend Büchern zu Vorlagezwecken besitzt. Neben diesen Studios arbeiten über 100 000 Hobbyisten, für die im ganzen Lande hunderte von zum Teil nur einwöchigen Kursen zum Erlernen der Technik angeboten werden. Aus der Schar dieser Laien hat sich, getragen von der internationalen Woge der Glasbegeisterung, eine Gruppe abgesondert, die sich mit Enthusiasmus und einer Fülle von Ideen dem Experiment in Glas verschrieben hat und zusammen mit einigen gelernten Glasmalern New Glass auf dem Sektor des Tafelglases kreiert. Aus dieser Gruppe genannt sei Kathie Bunnell, die Design und Glasmalerei studierte und deren Fenster von delikater Farbigkeit bis in alle Einzelheiten virtuos durchkonstruiert sind. Sie verraten eine endlose Arbeit und eine ungewöhnlich sensible Handwerkskunst, die die Künstlerin mit interessanten Themen, psychologisierenden Selbstreflexionen und Darstellungen der Natur unter dem Aspekt von Leben, Wechsel und Vergänglichkeit zu verbinden weiß.

Erwähnt sei auch Paul Marioni, der Englisch und Philosophie studierte und sich danach auf Karossierarbeit verlegte. In ungewöhnlich kurzer Zeit erlernte er die Glasmalerei und gilt heute als der technische Virtuose in New Glass, der schon viele Normen gesprengt hat und erfindungsreich in neue Gefilde vorstößt.

Intellektuell dagegen wirkt das Werk von Robert Kehlmann, der in englischer Literatur promovierte und durch seine Reisen nach Europa zur Glasmalerei kam. Seine Scheiben sind Zeichnungen in Glas, abstrakt schönlinig, bisweilen widerborstig auch, wobei ein humoristischer Erzählton anklingt.

△ *Kathie Bunnell, Sausalito/Kalifornien, 1975 (USA): Envisioning a Marriage; 114,9 x 92,7 cm. Hessisches Landesmuseum, Darmstadt.*

*Paul Marioni, Seattle/Washington (USA) 1976: Nov. 22, 1963 (zum Gedächtnis von John F. Kennedy); 48,3 x 61 cm. Hessisches Landesmuseum, Darmstadt.*

# Was ist Hinterglasmalerei?

Hinterglasmalerei ist eine Schwester der Glasmalerei, jünger und anspruchsloser als sie, zugänglicher wohl auch, in manchem ähnlich und dann doch wieder von völlig anderem Charakter. Sie ist die Kunst, auf neutralem Glas entweder durch Gravierung und Bearbeitung einer aufgelegten Metallfolie oder durch Bemalung mit opaken Farben Bilder und Ornamente in solcher Art anzubringen, daß die bearbeitete Seite abgedeckt und das Glas nach vorn gedreht werden kann. Das Gold und die Farben sitzen dann hinter dem Glas, das ihnen einen eigenen Glanz verleiht. Die daraus resultierenden Werke sind nicht durchscheinend; sie benötigen das Auflicht und sind nicht wie die Glasmalereien als Lichtquelle konzipiert. Sie benützen das Glas als Träger, da es ihnen Strahlkraft verleiht und die Farben ohne Absorbierung durch den Malgrund leuchten läßt.

Während die Glasmalerei ihre Aufgabe von der Architektur erhält, durch die und mit der sie sich zu einer Hochkunst mit strengen ästhetischen Normen entwickelte, entstand die Hinterglasmalerei aus dem Bedürfnis, Schmuckwirkung zu erbringen. Sie emanzipierte sich dann aber vom Handwerk im Dienste einer anderen Kunst und erkor das unabhängige Wand- sowie das liturgische Bild als ihr Hauptziel. Ihre Möglichkeiten reichen von der künstlerischen über die professionell handwerkliche Leistung bis hin zum volkstümlichen Bild. Das Glas verleiht den Werken einen Hauch von Magie, schränkt aber auch, verglichen mit der Buch- und Tafelmalerei, die kompositionellen Möglichkeiten erheblich ein. Für die weniger Erfindungsreichen, handwerklich Geschickten, erweist sich dies als entscheidender Vorteil; andererseits hat das sich Bescheidenmüssen, die Lust, der Eigentümlichkeit nachzugehen und die verborgen liegenden Kräfte zu nützen, über die Jahrhunderte hinweg manche Künstlerpersönlichkeit angezogen.

Durch das nach dem letzten Krieg so stetig angewachsene Interesse an der Volkskunde und unsere Freude an sogenannter naiver Kunst ist das Sammeln und Kopieren volkstümlicher Hinterglasbilder sehr in Schwung geraten. Dabei wird von den meisten vergessen, daß die von ihnen so begehrten Heiligen- und Schmuckbilder aus dem 18. und 19. Jahrhundert nur ein Zweig einer bis ins Mittelalter hinabreichenden, im Religiösen verwurzelten Kunst ist, die eine würdige Blüte auch im 20. Jahrhundert getrieben hat.

*Schwarzwald (?), 1. Hälfte 19. Jahrhundert: Der preußische Reitergeneral H. J. von Zieten zu Pferd; 37,5 x 28,5 cm. Hessisches Landesmuseum, Darmstadt.*

Die Erhaltung der Hinterglasbilder ist ein Problem, nicht von der Oberfläche her, die leicht zu reinigen ist, sondern wegen des fragilen Charakters des Glases und der Bindung der Farben und Metalle an ihren Träger. Sprünge bilden eine erhebliche optische Beeinträchtigung, die auch ein Kleben nicht beheben kann, und es besteht die Gefahr, daß im Laufe der Zeit Schollen innerhalb der Malflächen entstehen, sich also Partien vom Glas zu lösen beginnen, da die Kraft der in den Farben enthaltenen Bindemittel im Alter nachläßt. Bei den Vergoldungen ist die Gefahr besonders groß. Jede Erschütterung kann Schaden anrichten, und es ist kein Wunder, daß die älteren Hinterglasbilder auf ein Minimum reduziert sind. Sie zählen heute zu den großen Kostbarkeiten aus der Vergangenheit.

## Technik

Der entscheidende Punkt in der Hinterglasmalerei ist, daß das Bild nach der Fertigstellung umgedreht wird, also nicht die Malseite oder gravierte Seite, sondern die blanke Seite des Glases dem Betrachter vor Augen steht. Dies heißt einmal, daß jedes Bild seitenverkehrt konzipiert werden muß, was bei Buchstaben natürlich besondere Schwierigkeiten bereitet. Es bedeutet aber auch, daß beim Malen nicht in der gewohnten Reihenfolge vorgegangen werden kann, sondern daß der Vorgang rückwärts abgewickelt werden muß. Zuerst sind die Bildelemente aufzutragen, die den Abschluß der Malerei bilden, die Konturlinien, die Lichter, die feinen Lasuren und die schattierenden Schraffuren. Dann folgt das Ausmalen in den verschiedenen Farben und schließlich die Gestaltung des Hintergrundes, für den man bunte deckende Farben, Metallfolien oder Silberamalgam für Spiegelwirkung verwendet. Bei den Farben handelt es sich um kalte, nicht einbrennbare Deck- oder Ölfarben etc.

Bei Radierungen wird mit der Radiernadel ein aufgelegtes dünnes Blatt aus Metall oder eine Schicht aus Metallfarbe bearbeitet und dann dunkel oder stellenweise auch mit Farben abgedeckt, oder es wird aus einem dunkel lackierten Grund radiert und dann das Metall oder die Farben darübergebracht. Das fertige Bild erhält ein Deckblatt und ein Rückenbrett und wird anschließend mit einem Rahmen umgeben, der ihm zusammen mit dem Rückenbrett Schutz und Halt bietet, gleichzeitig aber auch noch einmal ein wichtiges Kompositionselement darstellt, der Stabilisierung des Bildes dient. Er ist häufig kunstvoll bearbeitet, vergoldet und bemalt.

Selbstverständlich geht jedem Werk ein Riß, die maßstabgetreue Werkzeichnung, voraus. In der Glasmalerei bewahrte man diese Risse, kopierte sie und legte Sammlungen dafür an, in der Hinterglasmalerei ist bisher erst eine – allerdings gut publizierte – Sammlung von 400 volkstümlichen Rissen aus dem Besitz der Peterhansl und Wüstner bekannt.

*Süddeutschland, um 1800: Abendmahl; 24,5 x 18,5 cm. Hessisches Landesmuseum, Darmstadt.*

## Geschichtliche Anfänge

Die Vorläufer der Hinterglasmalerei sind die antiken Goldgläser, bei denen ein aus einem hauchdünnen Goldblatt gearbeitetes Zierbild zwischen zwei Glasschichten fixiert ist. Vereinzelt erscheinen als zusätzliche Farbakzente noch kalte Emailfarben. Die Technik tradierte sich über die Jahrhunderte hinweg in Byzanz, das sie im Hochmittelalter nach Italien vermittelte. Im 13. und 14. Jahrhundert schmücken dort mit Goldfolie hinterlegte und in Graviertechnik bearbeitete Scheibchen liturgische Geräte und Marmorreliefs, allem voran die bekannte Domkanzel von Niccolò Pisano in Siena 1265 bis 1269.

Im 15. Jahrhundert verselbständigte sich

*Römisch, 2. Hälfte, 4. Jahrhundert n. Chr.: Bruchstück einer flachen Schale aus wasserhellem Glas. Auf der Innenseite heiß aufgesetzte grüne und blaue Goldglasnuppen von ca. 1–2 cm Durchmesser. Die aus dünner Goldfolie gefertigten, fein ausgeschnittenen Bilder zeigen den Sündenfall mit Adam und Eva unter dem Baum der Erkenntnis sowie drei Szenen aus der Jonas-Legende. Sie sind nur bei starkem Gegenlicht sichtbar. Gefunden in Köln zwischen Severinskirche und Severinstor; British Museum in London.*

das Hinterglasbild als Kußtafel oder als Mittelstück eines Hausaltärchens. Auch wurde es offensichtlich bereits als Raumschmuck – allerdings eingebunden in die Architektur – verwendet, wird doch von einem vollständig mit Hinterglasbildern besetzten Gewölbe in einem Raum des Kastells der Familie Visconti in Pavia berichtet.
Nördlich der Alpen verbreitete sich die Kunst in ähnlicher Weise. Höchst aufschlußreich für ihre Anwendung erscheint ein 1309 in Paris erlassenes Verbot, Glas mit Gold und Farbe zu dekorieren, um auf diese Weise Email vorzutäuschen! Zu den ältesten Beispielen von Hinterglasmalerei in Deutschland gehört das Kästchen aus dem Dominikanerinnenkloster Adelhausen aus der ersten Hälfte des 14. Jahrhunderts, das sich heute im Augustinermuseum in Freiburg im Breisgau befindet und emailhaft bunte Hinterglasverzierungen aufweist.
Die Verwendung von Goldhinterlage ließen lange Zeit die Gravierungstechnik und die graphischen Bildeffekte im Vordergrund stehen, wobei sich Verbindungen zur Zeichnung und zu Metallarbeiten ergeben. Aber auch zur Glasmalerei ist der Weg nicht weit. Dies zeigt eine kleine Tafel mit der Anbetung der Könige im Schnütgen-Museum in Köln, die um die Wende vom Weichen Stil mit seinem höfisch orientierten Formenreichtum zum Realismus der sogenannten Dunklen Zeit entstand. Sie entstammt einem Kölner Kunstkreis, der sich über mehrere Jahrzehnte hinweg auch auf die Glasmalerei bestimmend auswirkte: Gnadenstuhl-Fenster im südlichen Querschiff des Kölner Doms, Fensterstiftung eines Mitglieds der Familie Merode aus einer Kölner Kirche oder dem Kloster Schwarzenbroich (Hessisches Landesmuseum Darmstadt) etc.
Ab der Mitte des 15. Jahrhunderts hielten dann verstärkt die Farben Einzug und bestimmten mehr und mehr das Bild, während das Metall analog der spätgotischen Tafelmalerei für den Hintergrund verwendet wurde mit dem Ziel, der Darstellung einen transzendenten Charakter zu verleihen, sie bei aller Realität der Schilderung ins Überirdische zu versetzen.

## Renaissance und Dürerzeit

Ab etwa 1500 wurde Venedig zum großen Zentrum der italienischen Hinterglasmalerei und leitete insofern eine neue Ära ein, als das Herstellungsverfahren nun rationalisiert wurde. Man ging, nicht unähnlich dem Vorgang in der Kabinettglasmalerei, vom Einzelstück zur seriellen Fertigung über. Das heißt, man verwendete denselben Riß mehrmals, pauste ihn immer wieder auf neue Glasscheiben ab. Die Bilder, interessanterweise häufig nach Werken Albrecht Dürers, zeichnen sich durch eine satte, in ihrem Goldbett herrlich leuchtende Farbigkeit aus. Ein Beispiel davon mit der Anbetung der Könige nach dem Holzschnitt in Dürers Marienleben in seitenverkehrter Anordnung besitzt das Bayerische Nationalmuseum in München. Im Laufe des 16. und 17. Jahrhunderts wurde die Ausführung dann flüchtiger, reduzierte man Form und Farben auf das Notwendigste, so daß ein volkstümlich vereinfachender Stil entstand.
Ein Schwerpunkt nördlich der Alpen bildete sich im niederrheinisch-kölnischen Raum und den Niederlanden, wo bis zur Jahrhundertmitte die lineare, spätgotisch manieristische und mit Renaissance-Elementen durchsetzte

*Zürich, Ende 16. Jahrhundert: Liebespaar im Garten; 9 x 8,5 cm. Im Schweizerischen Landesmuseum in Zürich.*

*Hans Jakob Sprüngli von Zürich, um 1610: Mars und Venus von Vulkan überrascht; im originalen Holzrahmen; 42,4 x 33,3 cm. Im Schweizerischen Landesmuseum in Zürich.*

Zweifellos der bedeutendste Meister in der älteren Hinterglasmalerei war Hans Jakob Sprüngli aus Zürich, der die Hinterglasmalerei im prunkvollen Rahmen des manieristisch-frühbarocken Kunstgewerbes zum absoluten Höhepunkt führte. Sprünglis Stil wurde entscheidend von den Malern am Hofe Kaiser Rudolphs II. in Prag (Hans von Aachen, Hans Rottenhammer, Joseph Heintz der Ältere) und in Nürnberg geprägt. Er war ein bekannter Glasmaler, der zum Beispiel in der Kirche St. Lorenz in Nürnberg 1601 das anspruchsvolle Tucher-Fenster schuf. Selbst bezeichnete er sich jedoch als Auralist oder Amulierer, zwei Ausdrücke für Hinterglasmaler, die sich von dem in dieser Sparte so wichtigen Gold sowie dem Silberamalgam für Spiegelwirkung herleitet. Seine Arbeiten dienten sowohl als Wandschmuck als auch als Zier von Goldschmiedearbeiten wie dem exquisiten Deckelhumpen des Zürcher Goldschmiedes Hans Heinrich Riva um 1620 im Landesmuseum in Zürich, der in kunstvoller Fassung drei gewölbte Glasflächen mit ovalen Figurenmedaillons von der Hand Sprünglis zeigt.

Formensprache der Tafelmalerei vorbildlich war. Werke dieser Art befinden sich unter anderem im Schnütgen-Museum in Köln und im Rijksmuseum in Amsterdam. Weiter südlich beherrschte die Schweiz das Feld, wo sich nun sehr deutlich eine enge Verbindung mit der Glasmalerei abzeichnete, sind es doch vielfach Glasmaler, die sich auch in der anderen Kunst übten und so zum Aufschwung der Hinterglasmalerei beigetragen haben. Selbstredend schlug sich dies auf die Komposition nieder; ein Beispiel dafür bietet die Muttergottes vor weiter Landschaft in der Art Hans Leus des Jüngeren, die 1521 von einem Mitglied der Zürcher Familie Rahn in ein Kloster im Kanton Uri gestiftet wurde. Der Aufbau mit rundbogiger Rahmenarchitektur, Stifterfigur und Wappen im Vordergrund der Hauptdarstellung entspricht im ganzen demjenigen der Kabinettscheiben dieser Zeit. Neben Wandbildern arbeitete man in der Schweiz, analog älterer Tradition, an Dekorationen für Kassetten, von denen das Schweizerische Landesmuseum in Zürich – das auch die Rahn'sche Muttergottes bewahrt – einige Exemplare besitzt: mit religiösen Themen für Reliquienkästen, mit profanen für Minnekästen.

*Carl Ludwig Thuot, Sursee/Kanton Luzern, 1686: Adam und Eva; im originalen Holzrahmen; 34,7 x 28,2 cm. Schweizerisches Landesmuseum, Zürich.*

# Barock und Rokoko

*Süddeutschland, 2. Hälfte 18. Jahrhundert: Abraham empfängt die drei Engel, 22 x 35 cm. Hessisches Landesmuseum, Darmstadt.*

Die hohe dekorative Kraft, die Sprüngli der Hinterglasmalerei durch die Betonung artifizieller Kostbarkeit verlieh, verlor sich im Barock und Rokoko. In allen Ländern nahm der Einfluß der zeitgenössischen Malerei sowohl bezüglich der Themen als auch der Formgebung und Farbigkeit überhand. In mythologischen Szenen, in stillen Wald- und Flußlandschaften, im Sittenstück, dem Schäferidyll und in galanten Szenen, im Ruinenbild und der religiösen Darstellung wurde, häufig unter Benutzung graphischer Vorlagen für den Riß, die malerische Qualität der Ölbilder nachgeahmt, ohne aber deren weiche Farbübergänge erreichen und den flüssig lockeren Pinselauftrag nachahmen zu können.

Eine Gattung für sich bildete das Porträt, das oft gute individuelle Leistung auf der Zwischenstufe zwischen Medaillon und Ölbild erbringt. Es kam gegen 1600 auf und wurde im Rokoko selbst an den Höfen sehr beliebt.

Die Verbindung der Hinterglasmalerei mit dem Spiegelglas, wie wir sie schon bei Sprüngli im Namen Amulierer ausgedrückt sahen, führte im Barock zu eindrucksvoll theatralischen Darstellungen der Vanitas – der Eitelkeit, Nichtigkeit und Vergänglichkeit. Mit dem Spiegel, dem Symbol der Eitelkeit, wurde in Hinterglasmalerei der Totenschädel und die abgebrannte Kerze als Sinnbild der Vergänglichkeit kombiniert, so daß dem Betrachter neben seinem eigenen Gesicht das des Todes entgegenblickt. Eine Vorstufe zu dieser barocken Idee findet sich im Doppelporträt des Augsburger Malers Hans Burgkmair mit Gattin aus dem Jahre 1528 im Kunsthistorischen Museum in Wien, wo dem Paar aus einem Spiegel in der Hand der Frau – der traditionellen Verführerin – zwei Totenschädel entgegengrinsen. Um die Vorstellung in eine Art Realität umzusetzen, bedurfte es der Hinterglasmalerei, die sich dafür gerne in den Dienst stellte, wie die zahlreichen Beispiele aus dem 17. Jahrhundert zeigen; eines um 1650 befindet sich im Schweizerischen Landesmuseum in Zürich.

Ebenso übernahm sie andere untergeordnete Arbeiten im Bereich des Kunsthandwerks: Spiegelrahmen mit Ornament in Gold auf rotem Grund, Einlagen für Möbel (Tisch- und Guéridonplatten, Sekretäre) vor allem in Frankreich und in England.

Zu einer bemerkenswerten Mengenproduktion mit einem festen Vertrieb im Hintergrund gelangte in der Schweiz die Malerfamilie Abesch in Sursee im Kanton Luzern in der Zeit vom späten 17. bis späten 18. Jahrhundert. In der Arbeitsweise äußerlich der späteren Volkskunst-Hinterglasmalerei ähnlich, entstanden Werke von gleichförmiger Qualität in einem leicht erkennbaren persönlichen Stil zumeist nach graphischen Vorlagen.

Die Tendenz zu großer Produktion läßt sich ferner in Augsburg beobachten. Dort bestand bereits im 17. Jahrhundert eine Tradition für Hinterglasmalerei – vor allem auf Metallgrund – als Einlagen für die fürstlichen Prunkschränke, die Augsburgs Ruhm als Kunststadt begründeten. Im beginnenden 18. Jahrhundert nun schlossen sich die dortigen Hinterglasmaler zu einer Zunft zusammen, die in großem Umfang Bilder nach Vorlagen berühmter Augsburger Kupferstecher der Zeit schufen. Die Produktion beherrschte zunächst noch der einzelne Meister (besonders bekannt der Hinterglas-Öl- und Freskomaler Johann Wolfgang Baumgartner) mit seinem persönlichen Stil. In der zweiten Jahrhunderthälfte mehrten sich die Werkstätten und wurden so groß, daß die Bilder zur Mengenware für den Weltexport wurden. Großhändler gaben ihre Bestellungen auf und führten die zerbrechliche Ware mit. Die Arbeitsteilung in den Werkstätten und die Verfilzung der Ateliers untereinander ließen einen Augsburger Einheitsstil entstehen. Reizvolle, farbig beinahe spontan wirkende Beispiele befinden sich im Schnütgen-Museum in Köln und im Musée des Arts Décoratifs in Paris. Am Ende des 18. Jahrhunderts fand die große Bewegung in der bürgerlich-handwerklichen Malerei zugunsten nun schon einer Volkskunst ihr Ende.

# Die volkstümliche Hinterglasmalerei

Die Nachfolge trat die volkstümliche Hinterglasmalerei an, die im Gegensatz zur älteren weder von großen Künstlern noch von gelernten Handwerkern der städtischen Malertradition getragen wurde. Die Werke richteten sich auch nicht an die kulturell verfeinerte Gesellschaft, wie sie sich in den Städten und deren Umkreis befand, sondern an die Landbevölkerung, die Kleinbürger und Bauern, deren Geschmack und Bedürfnis sie entsprechen mußten. Sie wurde von Hausierern, die die Bilder in Kisten und Fuhrwerken und danach noch auf dem Rücken transportierten, vertrieben sowie auf Jahrmärkten, zu Wallfahrten und Festen feilgeboten. Die Inhalte der Bilder basierten auf der Tradition, doch verschwanden die Mythologien, Landschaften und Porträts. Bevorzugt wurden Szenen aus der Heilsgeschichte, einige wenige aus dem Alten Testament, sodann Schilderungen, wie sie in der volkstümlichen Andachtsliteratur zu finden sind (Darstellung des häuslichen Lebens der Heiligen Familie etwa) und Wallfahrtsthemen, außerdem die Figur des Guten Hirten sowie Heilige als Schutzpatrone für die nach ihnen benannten Personen, für Familien, Berufe, Landschaften. Hinzu kamen an der Natur orientierte Themen wie die Jahreszeiten und, in protestantischen Gegenden bevorzugt, Erbauungssprüche. Um einerseits die Produktion zu rationalisieren und andererseits eine möglichst eindrückliche und festliche Bildprägung zu erreichen, trat in einigen Punkten ein für die Volkskunst typischer Wandel der Gestaltungsprinzipien ein: Verzicht auf Räumlichkeit und Körperlichkeit, Reduzierung der Zeichnung auf eine rein flächenhafte Form, Heraushebung der Hauptmerkmale und Vereinfachung des Linearsystems. Hand in Hand damit ging ein Hang zum Ornamentalisieren der alle Linien der Binnenzeichnung (Gewandfalten, Schraffuren) ergriff und ein entscheidender Faktor in der Art der Hintergrundsgestaltung und des Rahmens war. Für verschiedene Schulen schälten sich hierin charakteristische Merkmale heraus.

Die Wege und die Ziele der volkstümlichen Hinterglasmalerei unterschieden sich. Einer ging von der malerhandwerklichen Tradition aus, wie sie in Augsburg im 18. Jahrhundert bestand. Die große Nachfrage ließ die den Bestimmungen des städtischen Zunftwesens untergeordneten Werkstätten Arbeitskräfte vom Lande heranziehen, die nach der Ausbildung hausgewerbliche Werkstätten in ihrer Heimat einrichteten. Der andere Weg führte über die hüttengewerbliche Tradition des 18. Jahrhunderts, wo Schleifer, Mattierer, Vergolder, Spiegelmacher und Flachglasmaler zusammenarbeiteten, so daß sie als Gemeinschaft den malerhandwerklichen Hinterglasmalern in der Glasbearbeitung überlegen waren. Wenn eine Glashütte mangels Rohmaterials ihren Platz wechselte, blieben die Arbeiter oft an ihrem alten Ort zurück und veredelten die Glastafeln, die sie billig von ihrer Glashütte bezogen, in Heimarbeit.

## Zentren und Verbreitung

*Bayerisch Schwaben und Oberbayern:* Murnau und Seehausen gliederten sich Ende des 18. Jahrhunderts in die Mengenproduktion Augsburgs und deren Vertrieb ein; in Oberammergau entstand eine auf Massenproduktion eingestellte Hausindustrie.

*Niederbayern:* Raimundsreuth war das Dorf, in dem die Arbeiter der Schönbrunner Glashütten wohnten. Ende des 18. Jahrhunderts gründete Tobias Peterhansl dort einen sehr bekannten Familienbetrieb, in dem jährlich bis zu 40 000 Bilder entstanden.

*Böhmen:* Nordböhmen besaß bereits im 18. Jahrhundert eine große Tradition; zur Vertretung ihrer Produkte hielten die nordböhmischen Glasfirmen in Cádiz, dem spanischen Exporthafen für europäisches Kunstgewerbe, eine Niederlassung, deren Lagerverzeichnisse auch Hinterglasmalereien aufführen. Südböhmen war das Ziel nordböhmischer Auswanderer während Hungersnot und Teuerung in der zweiten Hälfte des 18. Jahrhunderts. Es etablierte sich in Buchers, nahe der österreichischen Grenze, ein Hausgewerbe, das die Hinterglasmaler familienweise, zum Teil mit Hilfe der Nachbarn ausübten. Sie kamen zu einer Tagesproduktion von 50 bis 200 Bildern.

*Schlesien:* Seine Hinterglasmaler stammten aus der hüttengewerblichen Tradition und stellten Bilder her, die sich durch eine gehobene handwerkliche Qualität im Sinne der Glasveredelung auszeichnen.

*Österreich:* In Sandl entwickelte sich über Franz Pautsch, der um 1800 aus Buchers in Südböhmen einwanderte, eine bedeutende Tradition.

*Schwarzwald und Elsaß:* Aus der Uhrmacher-Hausindustrie im Schwarzwald erwuchs eine Hinterglasproduktion, deren Begründer Ende des 18. Jahrhunderts Lorenz Winterhalder war. Sie strahlte über ins Elsaß, wo bereits einige einheimische Maler tätig waren. Daß die Produktion auf den Handel mit Übersee eingestellt war, der dank der Uhrenindustrie bereits bestand, zeigt unter anderem das Bild George Washingtons.

Auch *außerhalb Europas* blühte die Hinterglasmalerei, unter anderem in der Türkei – wo Koransprüche in ornamentiertem Rahmen beliebt waren –, in Syrien, Persien, Indien und mit dem Eindringen europäischer Kultur vor allem

*Buchers, Südböhmen, nach 1800: Maria mit Kind; 26,5 x 18,5 cm. Hessisches Landesmuseum, Darmstadt und Sammlung Udo Dammert.*

# Vergessen und neu entdeckt

Der Farbendruck, der es ermöglichte, schnell und in vielen Größen Wandbilder jeden Geschmacks herzustellen, bewirkte neben anderen Gründen, daß im Laufe des 19. Jahrhunderts die Hinterglasmalerei ihre Bedeutung verlor und die Aufträge ausblieben. Von wenigen Ausnahmen abgesehen, versank sie im Dunkel der Zeit. Erst im 20. Jahrhundert, als man sich auf die Suche nach ursprünglichen Gestaltungsnormen in einer überästhetisierten Welt begab, kam es zur Wiederentdeckung der alten Volkskunst. In ihrer elementaren Gesetzlichkeit kam sie dem Expressionismus in besonderem Maße entgegen.

Dies sahen Wassily Kandinsky und Gabriele Münter. Sie begegneten ihr, als sie 1909 ein Haus in Murnau, dem oberbayerischen Zentrum für Hinterglasmalerei, bezogen, und waren gefesselt von ihrer Kraft. Beide griffen die Technik auf und malten zusammen mit ihren Freunden Franz Marc, August Macke, Alexej Jawlensky und Heinrich Campendonk Glasbilder teils eigenen Stils, teils in Anlehnung an die oberbayerische Volkskunst. Zunächst unabhängig, später in Verbindung mit ihnen begann 1905 Paul Klee Techniken und Wirkung von Bildern hinter Glas zu studieren und führte in seinem Tagebuch sorgfältig notierte Versuche durch, bis ihm schließlich Werke von seltener Eindringlichkeit gelangen. In den zwanziger Jahren erprobte Kurt Schwitters seine abstrakten Kompositionen hinter Glas, und Ende der dreißiger, Anfang der vierziger Jahre verlieh Oskar Schlemmer seinen Köpfen in dieser Technik eine neue, eigengesetzliche Lebendigkeit.

Nur wenige der modernen Schöpfungen in Hinterglasmalerei befinden sich in öffentlichen Sammlungen (Nationalgalerie in Berlin, Städtische Galerie und Lenbach-Haus in München, Saarland-Museum Saarbrücken); die Mehrzahl ist in Privatbesitz, also nur auf Spezialausstellungen zu sehen, worauf hier angesichts der Seltenheit eines solchen Ereignisses besonders hingewiesen sei.

*Osteuropa, 19. Jahrhundert: Ritter Georg zu Pferd; 33,5 x 44 cm. Hessisches Landesmuseum, Darmstadt.*

in China. Der Jesuitenmissionar P. Guiseppe Castiglione, der 1715 nach Peking kam, war zum Beispiel auch in der Glasmalerei bewandert. Die Technik der Hinterglasmalerei wurde adaptiert, und um die Mitte des 18. Jahrhunderts bereits setzte die Herstellung von Hinterglasbildern für den europäischen Markt ein. In ihrer Mischung aus europäischen Formelementen und chinesischer Gestaltungsweise atmen sie bei hoher handwerklicher Präzision und Feinheit einen fremdartigen, unwiderstehlichen Reiz aus. Sie stellen Interieurs, Gartenszenen, Kurtisanen, Stilleben und Landschaften dar. Im späten 18. Jahrhundert wurden sie gerne in englische und holländische Möbel eingesetzt, in späterer Zeit gehörten sie zu den begehrtesten Andenkenartikeln vor allem für Seeleute.

# Bemalte Hohlgläser

Für Pharaonen und Cäsaren war das verzierte Glasgefäß ein Luxusgegenstand, für die einen sicher wegen der Magie und Seltenheit des neu entdeckten Stoffes, für die anderen wegen der absoluten Kunstfertigkeit, mit der man Glas nun zu bearbeiten wußte. Die Geschichte des Hohlglases ist die Geschichte seiner Formen und seiner Verzierungen, die im Laufe der Zeit dank unterschiedlicher Bestrebungen an Vielfalt außerordentlich zunahmen. Zu unterscheiden sind Dekorationen, die in heißem Zustand durchgeführt werden müssen – wie etwa das Auflegen von Glasfäden – und solche, die die fertige erkaltete Form voraussetzen: Schneiden, Schleifen, Ätzen, Vergolden und Bemalen. Die meisten Farben wurden nach dem Malvorgang durch Brennen mit dem Glas verbunden, doch sind auch schon kalte, nicht brennbare Farben (Ölfarben) verwendet worden. Unsere Aufmerksamkeit hier gilt dem bemalten Glas, unter dessen Aspekt ausschnittweise Einblicke in die faszinierende Geschichte des Glases gegeben werden sollen.

## Ägypten und Antike

Das älteste bemalte Glas führt uns in die Anfänge der Glasherstellung zurück, nach Ägypten im zweiten Jahrtausend vor Christus. Im Grab des Pharao Thutmosis III. (1501 bis 1449), Herrschers des Neuen Reiches in der 18. Dynastie, sind als kostbarer Schatz einige vollständig erhaltene Glasgefäße gefunden worden, darunter eines mit Bemalung. Es ist ein 8,2 cm hoher Krug aus blauem opakem Glas, den ein stilisierter Baum und ein geometrisches Muster in gelber Farbe schmücken (The British Museum, London). Das Glas ist nicht geblasen, sondern – wie es bis kurz vor Christi Geburt üblich war – um einen Sandkern geformt. Diesen Kern aus sandigem Lehm tauchte man entweder in die Schmelze, wonach er auszukratzen und das Glas zu schleifen und zu polieren war, oder man legte die Glasmasse in plastisch heißem Zustand um ihn und bearbeitete sie.

Im ersten Jahrhundert vor Christus wurde dann die Glaspfeife erfunden, eine Metallröhre, durch die man in den aus dem Hafen geholten Glasposten Luft bringen und ihn nach dem Aufschneiden zum Gefäß formen konnte. Dies erlaubte eine Massenproduktion, für die vor allem Syrien bekannt ist.

Zwischen den beiden Techniken – Sandkern und Blasen – gab es noch eine dritte, die gestoßenes Glas zwischen zwei Formen erhitzte und in Assyrien, später im ganzen vorderasiatischen Raum verstreut für die Herstellung von Luxusgläsern vorkommt. Das Erbe trat in hellenistischer Zeit Alexandria an, das reiche Kulturzentrum, das vom dritten vorchristlichen bis zum vierten nachchristlichen Jahrhundert auf dem Gebiete des Glases wie auf vielen anderen führend war. Unter anderem nahm es auch die in Ägypten begonnene Emailmalerei wieder auf und sorgte für ihre Verbreitung. So haben sich aus der römischen Kaiserzeit viele bemalte Gläser, zum Teil auch mit kalter Bemalung, erhalten. Zu nennen sind beispielsweise eine Schale, die unter 350 anderen unbemalten Gläsern aus der Mitte des 1. Jahrhunderts auf den Friedhöfen von Locarno im Kanton Tessin gefunden wurde, eine in Köln geborgene Kugelflasche aus dem 4. Jahrhundert im Römisch-Germanischen Museum dieser Stadt sowie als ein Prachtstück der aus Südrußland aus dem 2. bis 3. Jahrhundert stammende weißopake Krug mit der Darstellung von Apoll und Daphne zwischen Streublümchen im Corning Museum of Glass in New York.

*Ägypten, 15. Jahrhundert v. Chr.: Becher mit dem Hauszeichen des Pharao Thutmosis III.; 8,4 cm. Ägyptisches Museum, München. Geformt im heißen noch teigartigen Zustand. Anstelle der Bemalung hier ein Girlandenornament aus farbigen Glasfäden, die zuerst horizontal umlaufend aufgelegt, dann mit dem Griffel hochgezogen und in die Masse eingedrückt werden.*

*Römisch, 1. Jahrhundert n. Chr.: Durchscheinend grüner Becher mit aufgemaltem pickendem Vogel in Gestrüpp, Durchmesser 8,5 cm. Aus einem römischen Brandgrab in Locarno; Museum in Locarno.*

# Mittelalter und Frühislam

Auch nach dem Niedergang des römischen Kaiserreiches hielt sich die antike Tradition noch über eine lange Zeit und lief nur langsam aus. Besonders in Südosteuropa und dem Vorderen Orient, dem geschichtlichen Raum des byzantinischen Reiches, lebte sie lange nach, sowohl in der gesamten Kultur als auch in der Politik. Erst im 7. Jahrhundert bahnte sich ein Umschwung an. Zwei große Blöcke begannen sich zu konsolidieren: das christliche Weltreich, dessen Achse sich unter den Merowingern und Karolingern in den germanisch-romanischen Norden verlegte, und das Reich des Mohammed. Mit dem Islam drangen die Araber in den Mittelmeerraum und brachten Europa durch Wissenschaft und Kunst ein neues Weltbild. Sie beherrschten Afrika und verbreiteten ihre Kultur allmählich bis nach Zentral- und Südasien. Ihre Fürsten liebten Prunk; Häuser, Städte und Moscheen waren aufs reichste geschmückt. Fayence und Glas spielten dabei eine wichtige Rolle, da der Glaube Gold- und Silbergefäße zumindest theoretisch verbot. So erreichte die Glaskunst neue Höhepunkte, vor allem durch die Lüster- und Emailmalerei. Bei der einen handelt es sich um aus Metalloxyden reduzierend eingebrannte Farben, bei der anderen um aus Glasstaub hergestellte Farben. Zunächst, vom 8. bis 11. Jahrhundert, wurde in Syrien die Lüstermalerei bevorzugt, danach gelangte dort die Emailmalerei zu großem Ruhm.

Das Abendland, in dem das bemalte Kirchenfenster seine glanzvolle Entstehung feierte, hatte dem nichts entgegenzusetzen, so daß die syrischen Gläser dort zumindest seit Kaiser Friedrich Barbarossa ganz besondere Wertschätzung fanden. Sie wurden von den Kreuzzügen und von Pilgerfahrten nach Jerusalem in die Heimat gebracht. Auch setzte im 13. Jahrhundert ein richtiger Handel mit dem Orient ein. Hierbei fiel seiner Lage nach Venedig eine besondere Rolle zu. Bereits früher hatte es sich für die orientalische Glaskunst interessiert gezeigt. Nun gingen Venezianer nach Damaskus, um dort die Produktionsmethode für Emailglas kennenzulernen. Diese übertrug man auf die eigene Glasherstellung, so daß Venedig, als die syrische Glaskunst infolge von Krieg und Verwüstungen im 15. Jahrhundert ihr Ende fand, nun selbst die Führungsrolle übernehmen konnte. Es baute den Export mit den Ländern nördlich der Alpen aus, die auf wesentlich bescheidenerer Grundlage Glas in Waldhütten herstellten und das venezianische Glas daher sehr zu schätzen wußten. Für die Malerei verwendete Venedig opake Farben, die auf grün- burgunderrot- oder blaugefärbte Gläser gebracht wurden, Gläser also, die bewußt für Auflicht geschaffen waren, während Syrien helles Glas mit durchscheinenden Farben bevorzugt hatte. Um 1530 wandte man sich in Venedig vom Emailglas ab, behielt aber dessen Produktion für den Export bei, namentlich nach Deutschland. Hier waren besonders Wappengläser beliebt, und es gingen in reichem Maße Aufträge nach Venedig, zum Teil noch zu einer Zeit, als die Emailmalerei auch in Deutschland verbreitet war.

*Venedig, 4. Viertel 15. Jahrhundert: Pokal mit Darstellung eines Hochzeitszuges, dessen Festwagen ein hornblasender Putto zu Pferde anführt; 15,6 cm. Kunstgewerbemuseum der Stadt Köln.*

*Syrien, 2. Hälfte 13. Jahrhundert: Becher; 10,7 cm. Museum für Kunsthandwerk, Frankfurt/Main.*

*Syrien, 1. Hälfte 1. Jahrhundert n. Chr.: Becher mit Emailmalerei: Ganymed, Musée Guimet, Paris.*

# Renaissance, Barock und Rokoko

Mit Gesetz und Strafe versuchte Venedig seine Priorität zu halten, doch begannen sich durch italienische Auswanderer auch in anderen Ländern Zentren zu entwickeln, die mit Venedig konkurrieren konnten: Emailmalerei wurde zum Beispiel bereits 1511 in Lyon verwendet. 1534 wurde unter Augsburger Leitung eine Hütte in Hall in Tirol eingerichtet, die nach venezianischem Vorbild arbeitete und Gläser mit diamantgerissenen Linien sowie den Farben Rot-Grün-Gold, allerdings in Kaltmalerei, herstellte. Spanien war für seine Emailmalereien bekannt.
So begann Venedig seine Vorrangstellung zu verlieren. In Deutschland nahm man Ende des 16. Jahrhunderts nun ebenfalls die Emailmalerei auf. Man gelangte dabei zu einem eigenen bunten, naiv volkstümlichen Stil, der nur in Frankreich annähernd eine Parallele fand. Durch die Bemalung und Vergoldung konnten die in ihrer Produktion von den Landesherrn streng überwachten, zünftisch gebundenen, abseits vom städtischen Kunstleben wirkenden Waldhütten ihre Einnahmen steigern. So entstanden nun in großer Zahl bunte Gläser mit Wappen und figürlichen Darstellungen, zumeist nach Kupferstichen und Holzschnitten. Bestimmte Gruppen kommen immer wieder vor: der Reichshumpen mit dem Kaiser und den sieben Kurfürsten, die Familien-, Jagd-, Stände- und Porträthumpen etc. Die meisten der Gläser sind zur Erinnerung für den Käufer mit dem Datum ihrer Entstehung versehen; ihre Lokalisierung anhand von bestimmten Motiven, der Glasmasse und den Farben erweist sich jedoch als äußerst schwierig.

In Holland begann man Anfang des 17. Jahrhunderts die für die Kabinettscheiben so beliebte und lang erprobte Grisaillemalerei auf das Hohlglas zu übertragen. Die Idee fiel auch in Norddeutschland auf fruchtbaren Boden; ihr führender Vertreter war Johann Schaper von Hamburg, der 1658 das Meisterrecht bei den Glasern in Nürnberg erhielt. Er übertrug die Schwarzlotmalerei nicht nur auf das Hohlglas, sondern auch auf die Fayence und wurde damit zum Vater der gesamten deutschen Hausmalerei in der Keramik. Daneben hatte Schaper einen guten Ruf als Glasmaler: Er erhielt den Auftrag, für den Kreuzgang der Karthaus-Prüll in Regensburg einen Zyklus von ca. 70 Scheiben mit Szenen aus der Legende des heiligen Bruno, mit Einzelheiligen und Wappen zu schaffen; die Scheiben befinden sich heute im Bayerischen Nationalmuseum in München und ragen in ihrer kleinmeisterlichen Präzision entschieden aus der Glasmalereiproduktion der Spätzeit hervor. Für seine Hohlgläser bevorzugte er Mythologien, Schlachtenbilder und Landschaften, differenzierte Darstellungen also, die nur in Grisaillemalerei auszuführen waren. Schaper schlossen sich einige andere Künstler an; zu erwähnen ist vor allem Johann Ludwig Faber (Erfinder einiger Transparentfarben) und im 18. Jahrhundert, als sich Laub- und Bandlwerk sowie die Chinoiserien des Rokoko durchsetzten, Daniel Preissler und sein Sohn Ignaz, die in Böhmen und Schlesien tätig waren.
Die vielseitige, sowohl mit Auflicht als auch mit durchscheinendem Licht rechnende Grisaillemalerei regte zu Versuchen mit Transparentfarben an, wie sie einst in Syrien geläufig waren, während Venedig dann opake, nur in Auflicht wirkende Farben einführte. Diese sind im Grunde gefärbte Fayenceglasuren, während die Transparentfarben gefärbte durchsichtige Glasflüsse sind, wie sie ja auch die Glasmalerei verwendete. Am Ausbau und der Entwicklung der Transparentfarbenmalerei waren besonders die Porzellanmanufakturen interessiert. Sie standen in hartem Konkurrenzkampf mit den Herstellern von Milchglas (Beinglas), die in Venedig, in Böhmen und Thüringen, in Frankreich und England entweder Ton in Ton oder kostbar buntbemalte, reizvoll anmutende Werke anboten. Die Maler, die diese Dekorationen schufen, waren dabei oft in beiden Sparten tätig.

*Böhmen, 1586: Walzenhumpen mit Musikantengruppe und drei Paaren sowie der Inschrift: + GOT · MIT · VNS · WER · IST · WIDER · VNS · ANNO. 1.5.8.6; 29,7 cm. Museum für Kunsthandwerk, Frankfurt/Main.*

*Sachsen oder Böhmen, um 1720–1730: Koppchen; 5,4 cm. Kunstgewerbemuseum der Stadt Köln.*

# Empire- und Biedermeierzeit

Das Kapitel, eines der reizvollsten in der Geschichte des bemalten Hohlglases, leitet ein deutscher Porzellanhausmaler ein: Samuel Mohn, dessen unstetes Wanderleben ihn unter anderem nach Halle, Leipzig, Stettin, Mecklenburg, Doberan, Berlin und schließlich nach Dresden führte, wo er 1815 starb. Ihm gelang es als erstem in unnachahmlicher Weise, die zarte Porzellanmalerei auf farbloses Kristallglas zu übertragen.
Er wurde gefolgt von seinem Sohn Gottlob Samuel, der im Gegensatz zu seinem Vater bereits eine sorgfältige Kunsterziehung genoß und als »Schloßmaler« in Laxenburg bei Wien 1825 starb. Verhältnismäßig früh haben sich die beiden Mohn der Glasmalerei zugewandt. Dort konzentrierten sie sich, da die Vorbedingungen für die Tafelglasmalerei zunächst noch fehlten, auf den Schmuck von Hohlgläsern. In einer Ankündigung im »Intelligenzblatt der Zeitung für die elegante Welt« Nr. 20 von 1811 werden bemalte Gläser mit Ansichten von Rom, Berlin, Dresden, Weimar etc. »nach Zeichnungen der vorzüglichsten Meister in den lebhaftesten Farben der Natur möglichst getreu« angeboten. Aber natürlich fehlten auch andere Themen nicht; beliebt war der Plan der Völkerschlacht bei Leipzig, Porträts, eventuell auch allegorische oder emblematische Darstellungen. Nach seiner Übersiedlung nach Wien begann der junge Mohn dann auch mit der Tafelglasmalerei, für die er in Anton Kothgasser, dem gelernten Wiener Porzellanmaler, einen begabten Mitarbeiter gewann. Dennoch, Kothgasser, der Mohn um Jahrzehnte überlebte und dessen begonnenes Werk fortführte, konnte seinen Ruhm nicht auf der Tafelglasmalerei, sondern allein mit der Produktion feinster bemalter Hohlgläser begründen.
Die beiden Mohn, Kothgasser und der große Kreis, der sich ihnen zugesellte, verwendeten Transparentfarben. Opake Emailfarben waren in dieser Epoche weniger geschätzt. Nur auf Milchglas, geschliffenem Alabasterglas und Überfanggläsern mit Milchglasfacetten sowie auf Glasplatten kamen sie noch zu ihrem Recht und sind hier auch mit einem bedeutenden Namen, demjenigen von Friedrich Egermann, Erfinder der Lithyalingläser, verbunden. Erst in der zweiten Hälfte des 19. Jahrhunderts, als der Historismus altdeutsche Renaissance-Vorbilder heranzog, kam es zu einer ausgesprochenen Nachblüte in Emailmalerei.

*Gottlob Samuel Mohn, Dresden, vor 1811: Becher mit Transparentmalerei und der Beischrift: Katholische Kirche und Schloß zu Dresden; 10,5 cm. Kunstgewerbemuseum der Stadt Köln.*

Neben den einzubrennenden Farben wurden bisweilen in Anlehnung an Dosenmalerei auch Ölfarben verwendet, und zwar nicht selten in der Technik der Hinterglasbilder. Als Grundlage dafür nahm man gerne möglichst durchsichtig gemachte Papierbilder, die man auf oder zwischen die Glasplatten brachte, ein Verfahren, das bereits der berühmte Chemiker Johann Kunckel in seiner »Ars vitraria experimentalis« von 1679 erwähnt.
Insgesamt gesehen, beruhte die hohe Bedeutung, die die Epoche auf dem Gebiete des Hohlglases besitzt, nicht auf der Produktion einzelner Fabriken oder Manufakturen, so sehr sich diese technisch und künstlerisch bemühten, sondern auf der Initiative und dem Erfindungsgeist einzelner Künstler, die sich höchstens vorübergehend bei einer Firma verpflichteten, im übrigen aber frei arbeiteten, sich die entsprechenden Holhgläser je nach Bedarf beschafften oder nach Entwurf bestellten.

## Weltkulturen und moderne Kunst

Handel und Reisen sowie die Weltausstellungen, die seit 1851 in verhältnismäßig kurzen Intervallen stattfanden, haben die Länder der Erde einander näher gebracht. Es gab nun den Weltbürger, vor dessen Auge sich geheimnisvoll fremde Kulturen öffneten, die er interessiert und suchend betrachtete. Sie vermochten ihn einmal in seinem Fortschrittsglauben zu bestärken, erweckten in ihm aber auch wehmütige Sehnsucht nach dem einfachen unverdorbenen Leben, das ihm verloren war, und forderten seine Neugier bezüglich fremder Gebräuche und Sitten, Kuriositäten, exotischen Prunks und unbekannter Genüsse sowie paradiesischer Verheißung heraus.
Auf dem Sektor Hohlglas brachte dies, was naheliegend war, eine erneute Hinwendung zu den Werken des islamischen Orients, an dessen Welt man mit seinen Schöpfungen zu erinnern suchte. Von der Gründerzeit bis zum Jugendstil fand deshalb eine Rezeption syrischer emaillierter Gläser statt. Auf Vasen, die Moscheeampeln nachgebildet waren, auf Flaschen, Pokalen, Schalen, Bechern und Deckeldosen in orientalisierenden Formen ließ man in Emailmalerei die herrlichen geometrischen Ornamente syrischer Kunst wiederaufleben. Unnachahmlich waren der Franzose Joseph Brocard in Paris und Ludwig Lobmeyr in Wien, dessen Firma bereits 1873 auf der Weltausstellung in Wien mit orientalischen Erzeugnissen auftrat und der Orientmode damit zum Durchbruch verhalf. Auch der große Glaskünstler der Art Nouveau, Emile Gallé, hat sich dem Zauber des Orients hingegeben und neben eingeschmolzenen Farben, Ätzungen und Schliffen hin und wieder auch Emailmalerei angewendet.
Neben dieser direkten, sich unmittelbar in der Form ausdrückenden Anlehnung gab es die freie Verarbeitung orientalischer Impulse. Louis Comfort Tiffany, der mit sagenhaftem Ruhm bedeckte Meister der Art Nouveau in den USA, nahm syrische Gläser und Keramiken mit Lüstermalerei und Lüsterschimmer (Iris) als Ergebnis der Versinterung zu seinem Vorbild. Er entwickelte dafür eine eigene Technik und führte den Lüstriervorgang zum künstlerischen Höhepunkt mit traumhaft schimmernden Farbwirkungen. Die Iris wurde entweder vor dem Fertigblasen der Gefäße in der Iristrommel durch Metalldämpfe auf den rotglühenden Glasposten aufgebracht oder aber aufgemalt und aufgebrannt. Neben Tiffany haben vor allem die böhmischen Glaszentren, allen voran die Glasfabrik Lötz, aber auch englische und andere amerikanische Glaszentren die Lüstriertechnik angewandt.
Die folgenden Jahrzehnte brachten auf dem Gebiet der Glasbemalung wenig Neues und sicher eher eine Reduktion denn eine Expansion.
Am meisten eigenen Charakter besitzen die Werke von Josef Hoffmann in Wien und seinem Kreis, der sich auf wirkungsvoll eingesetzte sparsame Dekorationen verstand.
Das moderne Glas, an dessen Entwicklung maßgebend die Tschechoslowakei (Nordböhmen) und die USA beteiligt sind und das heute bei einer allgemein hohen Wertschätzung einen neuen Zenit erreicht hat, machte von der Bemalung zunächst wenig Gebrauch. Es bevorzugte außer dem Schliff, Schnitt und Ätzen die eingeschmolzene Farbe, die irisierende, durch Dämpfe entstandene oder die aufgelegte Dekoration. In jüngster Zeit aber wird der Bemalung neue Bedeutung beigemessen, und zwar mit Recht, wenn man die Schöpfungen von Klaus und Isgaard Moje in Hamburg und die neuen Werke von Erwin Eisch und seinem Kreis in Frauenau betrachtet, dem Mann, dem wir die Neubelebung der funktionslosen Glaskunst in Deutschland verdanken.

*Margarethe Eisch, Frauenau: Geboren 1937, arbeitet neben ihrem Mann Erwin Eisch in Frauenau. Studierte Bildhauerei an der Akademie der bildenden Künste in München. Herz aus Glas, 1979–1980; gegossen und bemalt. Im Besitz der Künstlerin.*

# II.
# Glasmalerei als Hobby

## Der Laie als Glasmaler

Die Transparenz von Glas und dessen glatte und glänzende Oberfläche faszinierten seit seiner Erfindung sowohl Künstler als auch Handwerker und forderten deren Phantasie und Können geradezu heraus, es dekorativ zu gestalten. Flachgläser dienten als Farbträger für große Glasgemälde, deren transparente Farbenpracht noch heute den Betrachter tief beeindrucken. Nicht weniger reizvoll erscheinen die vergleichsweise kleinen Hinterglasbilder, bei denen die Rückseite der Scheiben mit deckenden Farben künstlerisch dekoriert ist und deren Vorderseite zugleich Ansicht und Schutz der Malerei darstellen. Hohlgläser wiederum erhielten kostbare Dekore durch Schleifen, Ätzen, Vergolden oder Bemalen, und nicht selten kombinierte man diese verschiedenen Techniken auf Trinkgefäßen, Flaschen, Vasen und anderen Ziergegenständen.

Alle diese Gestaltungsarten wurden vorwiegend von bestimmten spezialisierten Handwerksgruppen ausgeführt, da jede einzelne dieser Techniken langjährige Erfahrung und umfangreiches Wissen um die verschiedenen Materialien und deren Anwendung erforderten. Die herkömmliche künstlerische Gestaltung von Flach- und Hohlglas hat sich im Laufe der Zeit trotz Rationalisierung nur wenig verändert und ist für Laien kompliziert, aufwendig und risikoreich geblieben.

*Glasmalerei und ihre verschiedenartigsten Anwendungsgebiete sind so vielfältig, daß sie von jeder Altersgruppe ausgeführt werden können.*

Für Hobbymaler jedoch, die weder die nötige Zeit noch die technischen Voraussetzungen besitzen, diese traditionsgebundenen Techniken in ihrer überlieferten und ursprünglichen Form auszuüben, bieten sich heute dank neuerer und erprobter Erkenntnisse der chemischen Industrie viele gute Möglichkeiten, ihre gestalterischen Talente in Anlehnung an alte Vorbilder mit anders gearteten Mitteln einzusetzen. Auf Grund dieser veränderten Voraussetzungen sind auch Laien in der Lage, ohne besonders ausgeprägtes handwerkliches Geschick die verschiedenartigen Arbeitsmethoden der Glasmalerei leicht und mühelos zu erlernen.

Künstlerische Begabung und Vorstellungsvermögen beim Kombinieren von Farben können ohne Zweifel eine vorteilhafte Hilfe bei der Gestaltung von Dekoren darstellen und verhelfen sicherlich zu einem schnellen Erreichen des gesteckten Zieles. Sie sind jedoch keinesfalls Grundbedingung. Als wichtigste Voraussetzung für erfolgreiches Glasmalen erweisen sich die Freude am schöpferischen Tun und die Lust, etwas von Anfang an selbst zu erarbeiten. Ebenso bedeutsame Verbündete von Hobbyfreunden sind Zeit, Ausdauer und die Fähigkeit aufmerksamen Sehens und Beobachtens.

Malen läßt sich erlernen. Hobbyfreunde, die in der Technik des Glasmalens noch völlige Neulinge sind, tun gut daran, für ihr Erstlingswerk ein einfaches und klar gegliedertes Muster zu verwenden. Dasselbe gilt für jene, die glauben, nicht zeichnen oder entwerfen zu können. Man erhält diese Vorlagen als sogenannte Risse in Bastlergeschäften ebenso wie bunte Abbildungen, an denen sich alle Laienmaler orientieren können, die Schwierigkeiten bei der harmonischen Zusammenstellung einzelner Farbtöne befürchten. Das Hauptaugenmerk von Laien, die sich zum ersten Mal auf dem Gebiet der Glasmalerei versuchen wollen, sollte sich zunächst auf die Bewältigung von technischen Grundbegriffen richten. Auch wenn ein Erstlingswerk noch keine allzugroße Perfektion aufweist, ist dies kein Anlaß, den Mut zu verlieren. Das alte Sprichwort »Übung macht den Meister« hat bis heute nichts von seiner Gültigkeit verloren, und sehr schnell wird man bei nachfolgenden Bildern den eigenen Fortschritt erkennen.

Glasmalerei und ihre verschiedenartigen Anwendungsgebiete sind so vielfältig, daß sie von jeder Altersgruppe ausgeführt werden können. Schon größeren Kindern gelingen auch ohne langwierige Vorentwürfe kleine Kunstwerke, die das zeigen, was ihnen an ihrer Umwelt auffällt und wichtig erscheint. Im Schulalter werden sie teilweise angehalten, das bildlich wiederzugeben, was sie im Unterricht gelernt haben. Ganze Bildergeschichten erzählen von einer spontanen und unverbildeten Empfindungswelt. Da hierbei oft weder die Proportionen stimmen noch die farbige Ausführung die uneingeschränkte Zustimmung der Erwachsenen findet, kritisiert man diese Malereien oft zu Unrecht oder veranlaßt Korrekturen. Jede Art von Glasmalerei kommt gerade deshalb dem eigenständigen und eigenwilligen Anschauungsvermögen größerer Kinder so stark entgegen, weil neben dem Farben- und Formenspiel die schimmernde und durchscheinende Oberfläche des Glases die Phantasie zusätzlich anregt.

Auch ältere Menschen, die endlich Zeit für ein kreatives Hobby erübrigen können, vermögen sich mit großem Erfolg der Glasmalerei zu widmen. Bedenken, daß ihre Hand den Pinsel mit nicht mehr allzugroßer Sicherheit zu führen vermag, erweisen sich hierbei als überflüssig. Handarbeit darf Unregelmäßigkeiten zeigen, und arge Fehler oder Patzer lassen sich schnell und mühelos ausbessern.

Die reichgefächerte Skala von Gestaltungsmöglichkeiten ist es, die Glasmalerei zu einem der vielseitigsten Hobbys werden läßt, das jeden Malerfreund befriedigt und ausfüllt. Mit schmalem Bleirahmen versehene Fensterbilder, die mit denjenigen Motiven und Farben bemalt sind, die dem eigenen Geschmacksempfinden entsprechen, verleihen einem Raum eine ganz persönliche Note. Ihre faszinierende Wirkung verringert sich deshalb nicht, weil das

*Flachgläser dienen als Farbträger für Glasgemälde.*

*Schlichte Wassergläser eignen sich besonders gut für erste Malversuche auf Hohlgläsern.*

hindurchschimmernde Licht in seiner unterschiedlichen Wirkung von Dunkel und Hell die einzelnen Farbtöne abwechselnd verhaltend schimmern oder intensiv bunt erscheinen läßt. Es ergeben sich lebendig leuchtende Farbenspiele, die in ihrer besonderen Ausstrahlung ganze Räume prägen können. Hinterglasbilder, deren seitenverkehrte Bemalung oftmals unüberwindliche Schwierigkeiten maltechnischer Art vermuten läßt, sind in der Praxis überaus problemlos zu gestalten. Mit Hilfe einer gewählten Vorlage sollte man sich klarmachen, wie und warum zunächst die einen und später die anderen Farben aufgetragen werden müssen. Diese folgerichtige und notwendige Gesetzmäßigkeit ist schnell zu erfassen, wenn erst einmal die Konturen nachgezogen sind. Das Abenteuer des Malens »hinter dem Glas« führt bald zu Erfolgen, die sich absolute Neulinge auf diesem Gebiet selbst nicht zugetraut hätten. Auch hierbei erscheint es ratsam, mit einfachen und klaren Motiven zu beginnen. Der Bildinhalt und die Wahl der Farben sollten deshalb gut überdacht werden, damit sich das mit einem flachen und breiten Holzrahmen versehene Bild harmonisch der Wohnungseinrichtung anpaßt. Wie unzulänglich und bescheiden ein Erstlingswerk in seiner Ausführung auch sein mag, es wird in seiner Umgebung und für seinen Schöpfer immer einen ganz spezifischen und liebenswerten Stellenwert einnehmen.
Das Bemalen von Hohlgläsern wie Flaschen, Trinkgläsern und Christbaumkugeln ist ein Hobby, das keinerlei Ansprüche an die kunstfertigen Fähigkeiten von Laien stellt. Allein mit unterschiedlich buntfarbenen Punkten, Strichen und Bögen lassen sich Verzierungen auf diese Gläser zaubern, die nicht nur schnell machbar sind, sondern zudem apart und dekorativ wirken. Außerdem stellt dieses Hobby für den Geldbeutel kaum eine Belastung dar, weil in jedem Haushalt zumeist genügend Senf- oder Trinkgläser sowie gut geformte Flaschen herumstehen, die bei Anfangsversuchen vollkommen ihren Zweck erfüllen. Der Spaß ist groß, wenn aus Gegenständen, die bislang der Abfallkübel schluckte, kleine dekorative Kunstwerke entstehen.

# Das Glas

Glas, ein in früheren Jahrhunderten überaus kostbarer und seltener Werkstoff, hat sich im Laufe der Zeit durch stetig verbesserte Herstellungsverfahren und einer daraus resultierenden hohen Qualität, verbunden mit Preiswürdigkeit, zu einem Gebrauchsgut entwickelt, das den Menschen der Gegenwart zu einer fast unentbehrlichen Selbstverständlichkeit geworden ist. Kieselsäurehaltiger Sand, Kalkstein und Soda sind seine wesentlichen Bestandteile, die unter hohen Temperaturen miteinander verschmolzen werden. Bestimmte Rezepturen, bei denen unterschiedliche Mengen von Quarz, Alkalien oder Metalloxyden den Grundmaterialien beigemischt werden, vermögen Konsistenz und Farben von Glas in den Arten herzustellen, wie es für vielfältige Verwendungszwecke benötigt wird. Ganze Industriezweige sind auf Glas angewiesen, weil seine Oberfläche glatt, hart, dicht, geschmacksneutral, chemisch nicht angreifbar, wetterbeständig und lichtdurchlässig ist.
Der Hobbykünstler interessiert sich in der Regel hauptsächlich für Flach- und Hohlgläser, weil er sie als Farbträger für sein dekoratives Gestalten braucht. Da Glasscheiben in mannigfacher Ausführung angeboten werden, fühlen sich Laienmaler anfangs oft irritiert von den Verwendungszwecken des Angebotes. Deshalb soll kurz erläutert werden, wie die einzelnen Glasarten beschaffen sind und zu welcher Maltechnik sie sich besonders vorteilhaft eignen.
*Fensterglas* ist klares Flachglas, das je nach Qualität nur ganz unbedeutende Verfärbungen und Unreinheiten aufweist und in verschiedenen Stärken in Glaserwerkstätten und Bastlergeschäften angeboten wird. Es eignet sich für das Malen von Hinterglasbildern ebensogut wie für die Gestaltung transpa-

*Glatte farblose Glasscheiben stellen das Material dar, auf dem Hinterglasbilder gemalt werden.*

renter Fensterbilder. Man sollte eine Stärke von 2,5 bis 3 mm nicht wesentlich überschreiten, da durch die starke Spiegelung und Lichtbrechung ungenaue Konturen entstehen könnten.

*Kathedralglas* besitzt eine einseitig genarbte Oberfläche, die sehr verschiedenartige Strukturen aufweisen kann wie Riffelungen, Körnungen und dellenartige Vertiefungen, die sich gleichmäßig mit leicht erhöhten Stellen abwechseln. Diese dem sogenannten »Hammerschlag« ähnliche Musterung ist allen anderen deshalb vorzuziehen, weil sie die Einheitlichkeit der Malerei nicht beeinträchtigt. Kathedralglas zeigt durch die Lichtbrechung der Strukturierung eine leichte Trübung und wird ausschließlich bei transparenten Fensterbildern verwendet. Man kann es in Glasereien oder Hobbyläden kaufen, wo es in runden und rechteckigen Formen vielfach schon mit fertiger Verbleiung zu finden ist.

*Antikglas* soll die spezifischen Eigenschaften alten schlierigen Flachglases nachahmen. Verunreinigungen und Luftblasen von unterschiedlicher Größe und Anordnung sowie leichte Unebenheiten geben der Oberfläche eine zarte lebendige Musterung, und besonders »echt« wirkt eine leicht grünliche Verfärbung. In Glaserwerkstätten kann es auf jede gewünschte Größe zugeschnitten werden, nur sollte man allzu großformatige Abmessungen vermeiden, da diese infolge von Unregelmäßigkeiten besonders großer Bruchgefahr ausgesetzt sind. Antikglas ist vorwiegend als Farbtäger für transparente Glasmalerei zu empfehlen. Bei Hinterglasbildern kann die Wirkung nicht nur gewollt und gezwungen erscheinen, sondern auch Unruhe stiften, besonders dann, wenn die Luftblasen groß und zu dicht angeordnet sind. Will man hierbei dennoch nicht auf Antikglas verzichten, sollte beim Kauf auf eine nicht zu lebhafte Strukturierung geachtet werden. Es ist ratenswert, beim Abbruch alter Gebäude nach alten grünstichigen Quarzgläsern Ausschau zu halten, weil diese bei Hinterglasmalerei einen besonders effektvollen Eindruck vermitteln.

*Opakes Glas* ist ein durch besondere Schmelzverfahren und Zusätze von Metalloxyden bunt gefärbtes Glas. Seine typische Eigenschaft ist die völlige Lichtundurchlässigkeit. Bestimmte Industriezweige und medizinische Anstalten bedürfen der opaken Flach- und Hohlgläser. Im Haushalt jedoch werden vorwiegend Hohlgläser als Gebrauchs- und Ziergegenstände verwendet. Eine kontrastreiche Bemalung von bunten Trinkgefäßen, Schalen und Vasen hebt sich besonders vorteilhaft von deren Untergrund ab. Farbenfroh gestaltete Einsatzscheiben von Tabletts oder kleine Tischplatten aus opakem Flachglas wirken fast wie kostbare Emailarbeiten und sind geprägt von effektvoller Attraktivität. Am bekanntesten ist sogenanntes Milchglas, das bei seiner Herstellung durch Zusätze von Zinn undurchsichtig weiß getrübt wird. Flachgläser dieser Art finden oft Anwendung als Einrahmung transparenter Fensterbilder. Opake Glasscheiben kauft man in Glaserwerkstätten, und undurchsichtige Hohlgläser findet man in vielen Formen und Farben in Porzellanwaren- oder Haushaltsgeschäften.

*Dieser Blumenbaum entfaltet seine schlichten Blüten auf einer achteckigen Scheibe aus Kathedralglas, das mit verbleiter Einfassung in Bastlergeschäften erhältlich ist.*

*Gefärbtes Glas* entsteht beim Schmelzvorgang durch Beifügung bestimmter verschiedener Metalloxyde, so daß Glas und Farbe eine absolute und unveränderliche Einheit bilden, die sich nicht mehr trennen läßt. Bunte Flachgläser sind in den verschiedenartigsten Farbabstufungen als glattes unstrukturiertes Fensterglas, als Kathedralglas und als Antikglas erhältlich. Ab einer Stärke

*Traditionelle Motive von Hinterglasbildern sehen auf Antikglas, das durch leichte Unregelmäßigkeiten besticht, besonders eindrucksvoll aus.*

*Acrylglas ist unzerbrechlich. Glatte unstrukturierte Scheiben sind in ihrer Wirkung von Fensterglas nicht zu unterscheiden.*

von 3 mm wird es in Glasereien auf jede benötigte Form zurechtgeschnitten. Es versteht sich von selbst, daß gefärbtes Flachglas nur bei Fensterbildern als Farbträger dienen kann. Bunte Hohlgläser stehen in Porzellanwaren- und Haushaltswarengeschäften sowie Kaufhäusern zur Auswahl. Außerdem erweisen sich Trödlermärkte mit ihrem preiswerten und nostalgischen Angebot oft als wahre Fundgrube für gestaltungsfreudige Hobbymaler. Auch sei geraten, auf dem Dachboden oder im Keller des eigenen Haushalts zu stöbern, wo Bocksbeutelflaschen oder schön geformte bunte Gläser und Vasen unbeachtet herumstehen, die bunt bemalt zu richtigen Prachtstücken werden können.

*Acrylglas* zeichnet sich durch Unzerbrechlichkeit aus und besitzt stumpfe Kanten, an denen man sich nicht verletzen kann. Diese Eigenschaften erweisen sich besonders dann als vorteilhaft, wenn Kinder malen, die oft unachtsam und leicht abgelenkt sind. Acrylglas ist ein hartes Kunststofferzeugnis, das Hobbygeschäfte in zwei verschiedenen Sorten führen. Die eine davon ist etwa 2 bis 2,5 mm stark, besitzt eine glatte, farblose und daher klar durchscheinende Oberfläche und ist nur durch Anfassen von echtem Fensterglas zu unterscheiden, so daß sie auch für Hinterglasmalerei geeignet ist. Die zweite Art von Acrylscheiben weist eine einseitig genarbte Oberfläche auf, die nach der Bemalung im durchscheinenden Gegenlicht die Farben vielfältig bricht und deren Intensität und Leuchtkraft wesentlich steigert. Runde, ovale, rechteckige und achteckige Formen verschiedener Größen ermöglichen ein abwechslungsreiches Gestalten. Die Mehrzahl dieser Scheiben besitzt eine ausgestanzte Lochung, damit sie auch ohne Verbleiung mit Perlonfäden oder Ketten versehen ans Fenster gehängt werden können. Glatte und genarbte Acrylscheiben sind für Fensterbilder deshalb von Vorteil, weil auf ihnen transparente Glasmalfarben besonders gut haften.

## Vorbereitung des Glases und Reinigungsmittel

Alle Arten von Flach-, Hohl- und Acrylglas müssen vor der Bemalung gewissenhaft gesäubert werden, um die Haltbarkeit der Farben nicht zu gefährden. Schmutz, Staub und Fingerabdrücke verursachen auf der Oberfläche von Glas oft einen nur hauchdünnen und kaum sichtbaren Film, der eine dauerhafte Verbindung von Glas und Farbe ausschließt. Zum gründlichen Reinigen verwendet man entweder die in jedem Haushalt üblichen Geschirrspülmittel, spezielle Fensterputzmittel, Brennspiritus oder einen alkoholhaltigen Reiniger.

In jedem Fall ist ein Nachwaschen mit Leitungswasser deshalb anzuraten, da sich auch Spuren von chemischen Rückständen mit den Farben verbinden und diese dadurch in ihrer Konsistenz verändern könnten. Das nachfolgende Abtrocknen sollte mit einem flusenfreien Leinentuch oder mit einem Fensterleder erfolgen. Vorsicht bei Acrylscheiben! Alkoholhaltiger Reiniger kann bei einem übertrieben ausgedehnten Säuberungsvorgang die Oberfläche angreifen und milchig verfärben. Sollte das passieren, muß die Scheibe zunächst mit Wasser abgewaschen und abgetrocknet werden. Das Abschaben der weißlichen Schicht ist mühsam, da es mit dem Fingernagel oder einem flachen Stäbchen erfolgen muß, um die Oberfläche nicht zu zerkratzen.

*Alle Arten von Flach-, Hohl- und Acrylglas müssen vor der Bemalung gewissenhaft gereinigt werden.*

*Die Haftbarkeit aller Farben hängt weitgehend von der absoluten Sauberkeit der einzelnen Farbträger ab.*

# Farben und Lacke

*Acrylfarben* sind Dispersionsfarben mit Acrylzusätzen, die Haft- und Haltbarkeit so stark stabilisieren, daß sie nach ihrer Durchtrocknung als wischfest, lichtecht und wetterbeständig gelten können. Diese Eigenschaften, verbunden mit außergewöhnlicher Leuchtkraft und Deckungsfähigkeit, lassen sie zu einem begehrten und zuverlässigen Gestaltungsmittel für die verschiedenartigsten Maltechniken werden. Bei Hinterglasmalerei bieten sich alle diese wichtigen Vorzüge für ein erfolgreiches Gestalten geradezu an. Die einzelnen Farbtöne können untereinander gemischt werden, so daß sich bereits ein Sortiment von 6 bis 8 Grundfarben für den Anfang als ausreichend erweist. Wenn Schwarz, Weiß, Gelb, Grün, Blau, Karminrot und Zinnoberrot bereitstehen, genügt das für den Anfang vollauf. Ein weiterer Vorteil von Acrylfarben bei Hinterglasmalerei ist das rasche Antrocknen, so daß die einzelnen Arbeitsgänge zügig hintereinander erfolgen können, ohne daß unnütz Zeit verlorengeht. Je nach Stärke des Farbauftrags beträgt die Trocknungszeit etwa 10 bis 60 Minuten. Zum Verdünnen von Acryldispersionen oder Auswaschen von benutzten Pinseln bedarf man hierbei keiner chemischen Lösungsmittel, sondern verwendet dabei einfach Leitungswasser. Die Tatsache, daß diese Farben ungiftig sind, machen sie zu Malmitteln, die sie bedenkenlos auch für Kinder empfehlenswert erscheinen lassen. Acrylfarben trocknen matt an, so daß sie einerseits stabil und stark verfestigt haften, andererseits jedoch aufgrund der Stumpfheit ihrer Oberflächenstruktur eine große Ansaugfähigkeit für Staub, Schmutz und Fingerabdrücke aufweisen. Es ist daher ratsam, Hohlgläser, die mit Acrylfarben bemalt wurden, nach derem gründlichen Durchtrocknen mit einem durchsichtigen Kunstharzlack zu überstreichen, oder sie durch zweimaliges kurzes Übersprühen mit klarem Lackspray zu schützen.

*Transparente Farben* dienen der Malerei von Fensterbildern. Man erhält sie in Hobby- und Schreibwarengeschäften, wo sie in vielen bunten Tönen zur Auswahl stehen. Beim Einkauf sollte keinesfalls auf Schwarz zum Schattieren und auf Farblos, auch Clear genannt, zum Mischen von pastellfarbenen Abstufungen vergessen werden. Weiß ist opak, also milchig, und zeigt sich bei dickem Farbauftrag undurchsichtig. Man kann es zum Aufhellen dunkler Farben verwenden, deren Tönung dann eine leicht getrübte Wirkung hervorruft. Besonders effektvoll erscheinen opake Wolkenbildungen im Blau eines Himmels. Transparente Farben sind sehr stark farbintensiv und gut haftbar auf Glas- und Acrylscheiben aller Art. Sie eignen sich ebenfalls gut zum Bemalen aller hellen Hohlgläser, verlieren jedoch auf dunklen Gegenständen viel von ihrer typischen Leuchtkraft durch eingeschränkte Transparenz dieser Farbträger. Bemalte Fensterbilder sollten nie mit scharfen Reinigungsmitteln oder gar Chemikalien gesäubert werden.

*Emaillackfarben* kann man in Farben-, Bastler- und Schreibwarengeschäften in zweierlei Ausführungen kaufen. Die eine Sorte ist ein Kunstharzlack, der in kleinen Metalldosen und großer Farbauswahl angeboten wird. Die andere Art von Emaillackfarben ist in eckigen Flaschen abgefüllt und besitzt den großen Vorteil der Einbrennbarkeit, wodurch eine verstärkte Haltbarkeit der Malerei verursacht wird. Obwohl die Trocknungszeit je nach Farbdichte etwa 1 bis 2 Stunden beträgt, erscheint es ratsam, das dekorierte Werkstück vorsichtshalber erst am Tag nach der Bemalung in den kalten häuslichen Backherd zu stellen. Nur eine halbe Stunde lang erhitzt man den Ofen auf 100 bis 130 Grad und läßt in ihm den Gegenstand dann langsam auskühlen. Eine höhere Temperatur und eine verlängerte Brenndauer können Verfärbungen hervorrufen.

*Leuchtkraft, Lichtechtheit, geringe Trocknungszeit und die Möglichkeit, Farben untereinander zu mischen, erweisen sich als wichtige Voraussetzungen bei der Hinterglasmalerei.*

*Acrylfarben zeichnen sich durch starke Deckfähigkeit aus und finden daher Anwendung bei der Gestaltung von Hinterglasbildern.*

Emaillackfarben bestechen durch große Deckfähigkeit. Mit ihnen bemalt man alle Arten von Hohlgläsern, wie Gläser, Flaschen und Vasen.

*Goldbronze-Spray muß aus einer bestimmten und aus der Gebrauchsanweisung ersichtlichen Entfernung aufgesprüht werden.*

Mit Emaillackfarben werden dem Hobbyfreund Malmittel angeboten, die sich durch mannigfache gute Eigenschaften auszeichnen. Sie erweisen sich als gut haftbar, sehr stoßfest, absolut lichtecht und außerordentlich deckfähig. Sie sind chemisch so aufgebaut, daß sie sich untereinander mischen lassen; allerdings sollte genau darauf geachtet werden, die Produkte verschiedener Herstellerfirmen strikt getrennt zu verarbeiten, da sonst Reaktionen eintreten können, die der Malerei abträglich sind. Mit Emaillackfarben kann man alle Arten von Hohlgläsern bemalen, die dann zwar abwaschbar sind, aber zum Säubern nicht in die Geschirrspülmaschine gehören.

*Goldbronze* ist ein preiswerter und leicht anwendbarer Ersatz für echtes Blattgold. Hobbymaler schrecken zumeist davor zurück, mit diesen hauchdünnen Folien zu dekorieren, weil deren Verarbeitung kompliziert und aufwendig erscheint, ihnen Übung und Fachkenntnisse fehlen und sie deshalb einen Mißerfolg befürchten. Bei Goldbronze entfallen diese Bedenken, weil sie sich leicht und ohne jede Schwierigkeit auf Gläsern aller Art anwenden läßt.

Fachgeschäfte und Kaufhäuser bieten Goldbronze in drei verschiedenen Konsistenzen an, die chemisch jeweils anders geartet aufgebaut sind: Goldbronze in Spraydosen, Gold als Emaillackfarbe und wasserverdünnbare Goldbronze in der Art von Acrylfarben.

Goldbronze in Spraydosen sollte nur dann bei Hinterglasmalerei benutzt werden, wenn man größere Flächen oder den gesamten Hintergrund eines Bildes damit versehen möchte.

Sie ist dann einfach und risikolos anwendbar, wenn man sich genau an die auf der Dose beschriebene Anleitung hält. Sie muß vor Gebrauch kräftig durchgeschüttelt und aus einer unbedingt zu beachtenden Entfernung von 30 cm dünn und gleichmäßig auf die waagrecht liegende Glassscheibe gesprüht werden. Diese Goldbronze kann anschließend mit einer kontrastierenden Farbe übermalt werden, so daß auf der Vorderseite des Bildes eine schimmernde Zweifarbigkeit in Erscheinung tritt. Will man diesen Effekt ausschließen und liegt eine ungenügend starke

*Bei größeren Flächen ist die Anwendung von Goldbronze aus der Spraydose besonders anzuraten. Ein ungleichmäßiger Auftrag ergibt einen strukturierenden Effekt, der durch das Hinterlegen mit einer passenden kontrastierenden Farbe zusätzlich gesteigert werden kann.*

Deckungsfähigkeit vor, ist ein zweiter Sprühfilm aufzutragen. Er gewährleistet zugleich den abschließenden Schutz des Bildes und macht eine weitere Nachbehandlung überflüssig.

Das Sortiment von Emaillackfarben bietet auch Goldbronze, die wie jene den gleichartigen chemischen Aufbau beinhaltet. Ihre Anwendbarkeit beschränkt sich vorwiegend auf Hohlgläser. Kantenabschlüsse, Konturen, Ornamente und andere Ausschmückungen verleihen Gläsern eine anspruchsvolle Note. Größere ornamentale Flächen oder breite Bordüren, die mit Goldbronze bemalt wurden und gut durchgetrocknet sind, können danach nochmals mit bunten Sujets geschmückt werden. Man kann diese Malerei entweder frei ausführen, wie es die eigene Phantasie eingibt, oder ein gewähltes Motiv aufpausen und anschließend auf dem Goldfond farbig gestalten. Als weitere sehr dekorative Gestaltungsart erweist sich

Goldornamentik mit plastisch erhabenem Dekor. Man drückt hierfür Konturenpaste aus der Tube entlang der Linienführung eines bestimmten Musters auf das Glasgefäß. Nach deren Durchtrocknen kann man das ganze Werkstück oder größere Teile davon einschließlich der Konturen gleichmäßig deckend mit Goldbronze überstreichen. Die Konturenlinien heben sich nun als wulstartiges Zierelement plastisch von der übrigen Fläche ab. Auch hierbei könnte man später noch zusätzlich farbige Akzente setzen. Bei allen diesen Spielereien mit Goldbronzeeffekten ist ein zügiges und schnelles Arbeiten nötig, damit die zuletzt aufgetragene Farbe die unter ihr befindliche nicht anlösen und sich mit ihr nicht vermischen kann. Auf Christbaumkugeln und anderem gläsernen Weihnachtsschmuck erscheint eine Gestaltung mit Goldfarbe als besonders empfehlenswert und passend. Ungleichmäßig große und verschieden dicht stehende Sterne, zierende Bandornamente und auch stilisierte Blumensträußchen sehen in Verbindung mit roten oder blauen Tönen außerordentlich stimmungsvoll aus.

Wasserverdünnbare Goldbronze findet hauptsächlich Anwendung bei Hinterglasmalerei. Bei Heiligenbildern ist Goldbronze nicht nur ein traditionsreiches und dekoratives Mittel zum abwechslungsreichen Gestalten, vielmehr bieten sich Motive dieser Art geradezu an, durch kostbar wirkende Goldtöne in ihrer Aussage bestärkt zu werden. Heiligenscheine und Kronen, Halsschmuck und Spangen sowie Kleiderborten und andere Verzierungen erhalten durch diese Farbe eine Betonung, die den spezifischen Aussagewert der jeweiligen Heiligenfigur hervorzuheben vermag. St. Martin, Hl. Florian und St. Georg sind vorwiegend in Ritterrüstungen gekleidet. Helm, Harnisch, Schwert oder Gürtelschnallen können ebenfalls mit Goldbronze festlich ausgestattet und dadurch herausgestellt werden. Ikonen und andere Motive mit Madonnendarstellungen sehen auf einem ganz in Goldfarbe gehaltenen Hintergrund besonders eindrucksvoll aus. Die in ihrer Tönung dominierende Fläche vermag nicht nur den Bildinhalt hervorzuheben, sondern gelangt mit ihm symbolhaft in den Bereich mystisch anmutender Gestaltungsform.

Vor dem Gebrauch muß wasserverdünnbare Goldbronze gut von unten nach oben aufgerührt werden, da sie sonst zu dünnflüssig ist. Man trägt sie wie jede andere Mattfarbe mit einem weichen Haarpinsel gleichmäßig dick und gut deckend auf. Bevor sie mit einer nachfolgenden Farbe übermalt werden kann, sollte sie nicht nur gut durchgetrocknet sein, sondern sie muß auch durch Übersprühen mit einem matten Klarlack geschützt werden. Vorsichtshalber ist nach etwa 10 Minuten eine zweite Fixierung mit Sprühlack deshalb ratsam, weil wasserlösliche Bronze besonders empfindlich auf weitere Farbaufstriche reagiert, durch diese angelöst und verwischt werden könnte.

Dick und absolut deckend aufgemalte Goldbronze kann dann zu plakativ und eintönig wirken, wenn viele kleine Teilgebiete oder eine größere Fläche damit dekoriert wurden. Möchte man, daß diese sich lebendiger darstellt, ist es nötig, die Bronze zunächst nur dünn und transparent aufzutragen. Nach zweimaligem Fixieren mit mattem Klarlack wird sie nun vollständig deckend mit roter Farbe überstrichen. Beim Umwenden des Bildes stellt sich heraus, daß der rote Ton durch den goldfarbenen unregelmäßig stark hindurchschimmert. Einen ähnlichen Effekt erreicht man, wenn Goldbronze mit ein wenig roter oder brauner Farbe vermischt auf die entsprechenden Felder aufgebracht wird. Es ergibt sich hier zwar ein einheitlicher Farbton, seine leicht changierende Wirkung jedoch vermag den Eindruck von Einförmigkeit stark zu vermindern.

Um die verhältnismäßig große Fläche eines goldfarbenen Bildhintergrundes zu strukturieren, kann die Technik des Stupfens angewendet werden. Hierfür gibt man auf einen flachen Teller einen Teelöffel von Goldbronze und verrührt sie mit ein wenig Wasser zu einer geschmeidigen Konsistenz. Mit einem dicken, runden Haarpinsel wird nun wenig Farbe aufgenommen und in unregelmäßigen Abständen sowie unterschiedlicher Dichte über die zu dekorierende Fläche der Glasscheibe gestupft. Hierfür darf keinesfalls ein Schablonier-

*Goldbronze aus dem Sortiment von Acrylfarben ist wasserverdünnbar und findet Anwendung auf Hinterglasbildern und Christbaumschmuck.*

*Ein beliebtes Motiv ist der Hl. Florian, der Schutzpatron des Feuers.*

*Auf Tellern und allen Arten von Hohlgläsern, die oft gereinigt werden müssen, erscheint die Anwendung von Goldbronze aus dem Sortiment von Emaillackfarben empfehlenswert.*

pinsel aus Borsten verwendet werden, da diese die zarten Konturen ankratzen, ablösen oder verschieben könnten. Durch zu reichlichen Farbauftrag können bei noch ungeübten Hobbymalern Kleckse entstehen, die mit einem flusenfreien Tuch entfernt werden müssen. Große und kleine sowie dicke und dünne Goldstupfer sollten abwechslungsweise das Bild so übersäen, daß am Ende trotz aller Unregelmäßigkeiten des Farbauftrags eine einheitliche Strukturierung erkennbar ist. Es erscheint daher ratsam, während des Arbeitsvorgangs das Glas immer wieder umzudrehen, um auf der Vorderseite eventuell auftretende Fehler zu beobachten und sofort zu korrigieren.

Solange Goldbronze noch naß ist, können klecksartige Stellen mit einem sauberen trockenen Pinsel so lange ausgedünnt, herausgehoben oder vertrieben werden, bis sich die gewünschte Wirkung zeigt. Stupfer sind nur dann als solche klar erkennbar, wenn ihre stärkste Dichte sich deutlich von den daneben befindlichen lasierenden und transparenten Tönungen abhebt. Es ist empfehlenswert, nach dem Durchtrocknen der Goldbronze das Bild auf einen dunklen Untergrund zu legen, um zu prüfen, ob auf der Vorderseite des Glases eine harmonische Einheitlichkeit der Farbverteilung gewährleistet erscheint. Man kann nun zwar zu große Dichte nicht mehr ausbessern, hat jedoch die Möglichkeit, durch erneutes Abdecken zu dünner Fehlstellen einen Ausgleich herbeizuführen.

Nach zweimaligem gleichmäßigen Übersprühen mit Klarlack, wobei das Bild jeweils in waagrechter Lage gehalten und zum Trocknen gelegt werden sollte, wird ein Auftrag mit einer stark kontrastierenden Farbe vorgenommen. Bei Heiligenbildern weisen rote oder dunkelviolette Töne auf ihre Verbindung zu klassischen sakralen Farben hin, deren Bedeutung traditionsgebunden ist. Blumensträuße erhalten durch einen goldfarbenen Hintergrund eine besonders effektvolle Note, die den Anschein sowohl von Kostbarkeit als auch von abstrahierter Weite und Schwerelosigkeit vermittelt. Es ist hierbei für den abschließenden Anstrich ein dunkler Farbton am vorteilhaftesten, der sich in Blättern und Blüten des Motivs wiederholen sollte.

Die Technik des Aufstupfens von Goldbronze ist leicht durchzuführen, doch Hobbymaler, die sich in dieser Art des Dekorierens noch nicht geübt haben, befürchten anfangs, Fehler zu machen, die sich gar nicht oder nur schwer korrigieren lassen. Ihnen ist zu empfehlen, durch Proben auf Glasscherben ihre Unsicherheit zu überwinden. Stupfen ist eigentlich nichts anderes als eine Art von Spielerei mit Farbe und Pinsel, bei der bestimmte Regeln zu beachten sind. Farbmenge in Verbindung mit unterschiedlich schwachem oder stärkerem

*Goldornamentik mit plastisch erhabenem Dekor in Verbindung mit einer oder mehreren verschiedenen Farben wirkt besonders effektvoll.*

Pinseldruck sind vorwiegend entscheidend für die Wirkung dieser Technik. Hinzu kommt die flache oder steile Führung des Pinsels und dessen Größe. Wird auch nur eines dieser Gestaltungsmittel verändert, ergeben sich jeweils neue Kombinationen, von denen man so viele wie möglich systematisch so lange durchprobieren sollte, bis die Variation gefunden ist, die gefällt oder die sich am bequemsten durchführen läßt.

Goldfarbene Konturen sind nicht nur selten und ungewöhnlich, sondern stellen eine attraktive Variante in der Hinterglasmalerei dar. Ihre Wirkung zeigt sich nicht nur besonders effektvoll bei Blumenarrangements, sondern auch bei Motiven aus dem Bereich Naiver Malerei.

Wasserlösliche Goldbronze wird wie jede andere Konturenfarbe verarbeitet, wobei man alle Umrisse entlang der Linienführung des gewählten Motivs mit einem Rotmarderpinsel der Gruppe O nachzieht. Selbst Gesichter, Hände und andere Körperteile kann man damit umranden. Da die zarten und dünnen goldfarbenen Konturen besonders empfindlich auf die nachfolgenden mechanischen Strichbewegungen des Pinsels beim Ausmalen reagieren und durch diesen verschoben oder angelöst werden können, darf ein schützendes Fixieren mit einem matten Klarlack keinesfalls vergessen werden. Hier ist gewissenhaft darauf zu achten, daß sich dabei die Glasscheibe in waagrechter Lage befindet und daß der jeweilige Sprayfilm nur sehr dünn und trocken aufgesprüht wird. Das Ausmalen des Netzes goldfarbener Konturen erfolgt in der gleichen Weise wie das dunkler Umrisse, wobei bei der Farbenwahl lediglich zu bedenken ist, daß sich die jeweiligen Töne in deutlich erkennbarem Kontrast abheben.

*Schutzlack* findet Anwendung sowohl auf der Malerei transparenter Fensterbilder, hauptsächlich jedoch bei Hinterglasmalerei. Man erhält ihn in Maler- und Bastlergeschäften sowie Kaufhäusern als Spray mit matter oder hochglänzender Oberflächenwirkung. Bei Schutzlack, der in Dosen zum Verstreichen angeboten wird, sollte beim Kauf darauf geachtet werden, einen Kunstharzlack zu wählen und keineswegs einen Nitrolack, der beim Auftragen mit dem Pinsel aufgrund seiner chemischen Zusammensetzung sowohl Acrylfarben als auch Transparentfarben an- und auflösen könnte. Es erscheint daher wichtig, die zumeist auf der Dose aufgedruckte Beschreibung durchzulesen oder sich im Geschäft informieren zu lassen.

Der Auftrag von Schutzlack auf transparenter Malerei darf frühestens 1 bis 2 Stunden nach der völligen Fertigstellung des Bildes erfolgen. Er dient nicht nur der Festigung von Konturen und Farben, sondern bietet gleichermaßen Schutz gegen die ausbleichende Wirkung von Sonnenstrahlen. Bei der Hinterglasmalerei ist es ratsam, die das Bild abschließende und mit Acrylfarben gänzlich bemalte Rückseite besonders

*Goldfarbene Konturen sind nicht nur selten und ungewöhnlich, sondern stellen eine attraktive Variante in der Hinterglasmalerei dar.*

*Goldbronze erweist sich als guter Ersatz für Blattgold beim Gestalten von Borten, Helmen, Kronen, Heiligenscheinen und anderen ornamentalen Verzierungen.*

*Symbolische Darstellungen der vier Jahreszeiten sind von jeher beliebte Motive auf allen Gebieten der Glasmalerei, insbesondere der Hinterglasmalerei (siehe Variationen im Kapitel »Mustervorlagen«).*

dann mit einer Schutzschicht zu versehen, wenn man es in ungeheizten Räumen oder an einer Außenwand aufhängen möchte.

Kunstharzlack sollte immer mit einem großen weichen Haarpinsel zügig und schnell aufgetragen werden, damit sich keine Schlieren bilden können. Borstenpinsel erweisen sich hierbei als ungeeignet, weil sie zu hart sind und durch wiederholte kräftige Streichbewegungen die Farben verletzen könnten. Außerdem vermögen sie den Lack nicht ausreichend glatt und gleichmäßig über ein Bild zu verteilen. Abgestandener, eingedickter Kunstharzlack muß mit Terpentinersatz verdünnt und erneut geschmeidig gehalten werden. Die mattantrocknende Art von klarem Lackspray aus der Dose dient dem wiederholten Schutz einander folgender Farbaufträge bei Hinterglasmalerei. Seine leicht poröse und stumpfe Oberfläche gewährleistet die beständige Haftbarkeit übereinander gemalter Farben. Bei hochglänzendem Sprühlack wäre dieser Vorteil nur ungenügend oder gar nicht gegeben, weil seine Oberfläche allzu glatt und daher farbabstoßend erscheint. Acrylfarben könnten nur schlecht halten oder sogar wegperlen. Als letzter abschließender Schutzfilm anstelle von Kunstharzlack jedoch erweist er sich als gut ausreichend geeignet.

*Schutzanstrich.* Acrylfarben besitzen die Eigenschaft, absolut wasserfest anzutrocknen. Da jedoch beim Anfassen oder Umdrehen der Scheibe durch Fingerabdrücke Fett- und Schweißspuren zurückbleiben können, ergibt sich eine eingeschränkte Haftfestigkeit der Farben. Es erscheint daher wichtig, den gesamten durchgetrockneten Hintergrund mit Sprühlack zu schützen. Man legt oder hält dabei das Bild in waagrechter Lage und sprüht sodann aus einer auf der Sprühdose vermerkten Entfernung sehr dünn über den gesamten Hintergrund. Dabei wird des Guten oft zuviel getan, indem die Lackschicht dick und satt glänzend aufgetragen wird. Ein solches Vorgehen gefährdet die Farben unnötig und kann sie sogar anlösen. Risikoloser ist es daher, den Sprühfilm matt und »trocken« zu halten und nach etwa 10 Minuten vorsichtig einen zweiten Schutzauftrag anzubringen. An einem möglichst staubfreien Platz legt man das nun endlich fertige kleine Kunstwerk zum Trocknen beiseite.

*Verdünnungsmittel* dienen dem Geschmeidigmachen von Farben, die je nach deren chemischer Zusammensetzung sehr verschieden geartet sind. Bei Acrylfarben genügt einfaches Leitungswasser, um ihre Konsistenz gut verstreichbar zu erhalten. Dasselbe gilt für wasserverdünnbare Goldbronze. Natürlich sollte man es nicht in unkontrollierbaren Mengen einfach dazuschütten, sondern je nach Farbmenge tropfen- oder löffelweise beifügen, um ein allzu dünnflüssiges Verwässern zu vermeiden.

Es ist ratsam, auf dem Arbeitstisch ein Gefäß mit Wasser bereitzustellen, um während oder nach dem Malen die benutzten Pinsel sofort säubern zu können. Da mit ihnen oft über mehrere Stunden lang gearbeitet wird, sammeln

sich trotz wiederholten Ausspülens am Zwingenansatz Reste von Farben. Diese summieren sich im Laufe der Zeit, so daß zwangsläufig feste Stellen und eine verringerte Elastizität entstehen. Dies kann man vermeiden, wenn die Pinsel nach längerer Maldauer mit warmem Wasser und Seife gründlich ausgewaschen und anschließend gut nachgespült werden.
Acrylfarben erweisen sich in angetrocknetem Zustand als absolut wasserfest, so daß an Pinsel oder in Kleidungsstükken verfestigte Farben nur mit einem chemischen Lösungsmittel entfernt werden können, das auf deren spezifische Eigenschaften abgestimmt ist. Man kann es in Farbengeschäften kaufen, wo man gleichzeitig die nötige Fachberatung erhält.
Zu jedem Sortiment von Transparentfarben gehört auch ein entsprechender Verdünner. Verschiedene Herstellerfirmen führen ihn unter der Bezeichnung »Reiniger«, weil damit nicht nur angedickte Farben verdünnt, sondern gleichermaßen auch Gläser und Pinsel gereinigt werden können. Fertig bemalte Farbflächen, die bereits angetrocknet sind und die aus irgendeinem Grund verändert werden sollen, kann man bei transparenten Farben nicht durch erneutes Übermalen abdecken. Sie lassen sich jedoch durch wiederholten Auftrag von Verdünner zunächst anlösen und dann mit einem Pinsel herausheben, den man zwischendurch immer wieder auswischen muß. Auch der Zipfel eines flusenfreien Tuches erscheint hierbei zum vorsichtigen Auswischen oder Abtupfen geeignet.
Emaillackfarben und auch die dazugehörige Goldbronze bedürfen eines speziellen Verdünners, der ihren Eigenschaften vollständig Rechnung trägt. Ältere und zähe Farben lassen sich nur schwer vermalen, vor allem jedoch ziehen sie leicht »Fäden«, die zwar hauchdünn sind, sich jedoch störend über das Werkstück oder das Motiv verteilen können. Um vorzubeugen, sollte man während des Malens die Konsistenz der einzelnen Töne ständig unter Kontrolle halten. Bitte nur vorsichtig und tropfenweise verdünnen, damit die Farben undurchsichtig und gut deckend bleiben! Schmierstellen und Fadenbildung können nach dem gründlichen Durchtrocknen bedenkenlos mit einem in Verdünner getauchten Tuchzipfel oder Wattestäbchen vorsichtig beseitigt werden.
Es erscheint dringend ratsam, bei der Anwendung von Emaillackfarben ausschließlich den Verdünner – auch zum Säubern von Pinseln – zu verwenden, der chemisch auf die einzelnen Produkte abgestimmt ist. Unterschiedlicher chemischer Aufbau kann Veränderungen bewirken, die die Haftbarkeit von Farben unzureichend gewährleisten und deren Leuchtkraft und Oberflächenstruktur beim Brennvorgang außerordentlich ungünstig beeinflussen. Unerfahrene Hobbymaler schieben dann häufig zu Unrecht die Schuld auf die Unzuverlässigkeit einzelner Produkte. Dabei wäre vermutlich manch kleines Unheil vermeidbar gewesen, wenn man bei der Wahl des »richtigen« Verdünners aufgepaßt hätte.
Goldspray aus der Dose läßt sich durch Nitroverdünner entfernen, und dasselbe gilt für matten oder glänzenden Sprühlack. Angedickter Kunstharzlack jedoch muß eine notwendige Verdünnung durch Terpentinersatz erhalten.

# Patinieren und Craquelieren

*Patinieren* ist ein Vorgang, durch den ein künstlich herbeigeführter Alterungsprozeß dargestellt wird, der sowohl bei transparenter Glasmalerei als auch auf Hinterglasbildern Anwendung finden kann.
Bei Fensterbildern geschieht es am zweckmäßigsten dann, wenn die Scheibe fertig verbleit ist mit Wacofin-Patina. Sie besteht aus einer Tubenölfarbe und einer Leinölflüssigkeit und ist als Set in Bastlergeschäften erhältlich. Ihre Anwendung ist problemlos. Auf einen sehr weichen, flusenfreien Lappen gibt man zunächst etwas Öl, fügt 2 bis 3 cm Tubenölfarbe hinzu und überstreicht damit die bemalte Seite des Bildes. Die Mischung sollte reichlich aufgetragen und gleichmäßig verteilt werden. Im Gegenlicht kontrolliert man, ob alle Ecken und Kanten ausgefüllt sind. Nun wischt man mit einem sauberen Lappen von der Mitte des Glases zu den Außenkanten hin überflüssige Ölfarbe weg. Dem eigenen Geschmack entsprechend kann man den Patinaauftrag gleichmäßig hell oder dunkel gestalten. Sehr reizvoll sieht es jedoch aus, wenn der Mittelpunkt des Bildes kräftiger ausgerieben und der Rand in dunklerem Farbton belassen wird. Die Abstufung erfolgt mit nur leichtem Druck, damit der Übergang von Hell zu Dunkel weich und harmonisch wirkt.
Das Leinölgemisch aus dem Patina-Set hat nur die Aufgabe, ein leichtes und geschmeidiges Auftragen der Tubenölfarbe zu ermöglichen. Verwendet man es zu reichlich, könnte Streifenbildung entstehen. Ist die Patinierung unbefriedigend ausgefallen oder das Bild durch kräftiges Ausreiben allzu hell geraten, sollte man mit einem in das Leinölgemisch getauchten Lappen die Patina von dem Glas ganz entfernen. Keinesfalls dürfen hierbei Verdünner oder andere scharfe Reinigungsmittel verwendet werden, da sonst die transparenten Glasmalfarben abgelöst würden. Nun kann man den eben beschriebenen Vorgang des Patinierens wiederholen, und zwar innerhalb einer Stunde so oft, bis der gewünschte Effekt erreicht ist.
Die Trocknungszeit beträgt je nach Stärke des Patinaauftrags 2 bis 14 Tage und kann mit Malmittel Nr. 3, das im Fachhandel erhältlich ist, beschleunigt werden. Soll die Scheibe oft geputzt werden, ist es zweckmäßig, den Patina-Auftrag nach 6 bis 8 Wochen mit einem Kunstharzlack zu überstreichen. Er erfüllt außerdem die Aufgabe, den Transparentfarben über Jahre hinaus ihre volle Leuchtkraft zu erhalten.
Das Patinieren von Fensterbildern kann auch mit Konturenpaste erfolgen. Diese Methode erfordert mehr Fingerspitzengefühl und sollte auf einer Glasscherbe ausprobiert werden. Man benötigt hierfür einen 2 bis 3 cm breiten Haarpinsel und eine kleine Schale, in die man etwa einen Teelöffel Konturenpaste gibt. Man verrührt sie mit so viel Wasser, daß ein schwärzliches, sehr dünnflüssiges Gemisch, eine Art Patina, entsteht, die man mit dem Pinsel so gleichmäßig wie möglich über die bemalte Seite des Bildes verteilt. Um den angestrebten Alterungseffekt zu erreichen, ist es unerläßlich, die Konsistenz des Patinagemischs auf einer Glasscherbe zu erproben. Der lasierende Farbfilm sollte hellgrau bis dunkelgrau und noch transparent wirken. Das Aufstreichen geschieht am besten mit sehr geringem Druck, wobei eine leichte Streifenbildung unvermeidbar ist. Es erscheint daher ratsam, diese Unregelmäßigkeiten in das Gesamtbild einzuplanen, um so aus einer Not eine Tugend werden zu lassen. Rechteckige Bilder werden in Längsrichtung überstrichen und runde Scheiben von der Mitte ausgehend zur Außenkante lasiert, wobei der Rand jeweils einen dunkleren Farbton haben kann. Sie wirken gerade durch schlierigen und ungleichwertigen Patina-Auftrag sehr lebendig und geradezu »antik«. Die Trocknungszeit beträgt je nach Raumtemperatur und Stärke der Lasur 10 bis 40 Minuten und kann beschleunigt werden, indem man das Glas an die Sonne oder in die Nähe der Heizung legt.
Mißglückte Versuche sind leicht zu korrigieren. Man wäscht die Scheibe mit einem weichen Tuch und klarem kalten Wasser ab. Gut durchgetrocknete

*Bei Hinterglasmalerei muß die Glasscheibe vor der Bemalung patiniert werden. Dies kann mit jeder dunklen und stark verdünnten Acrylfarbe durchgeführt werden.*

*Bekannt sind Alterungseffekte durch das sogenannte Schwämmeln. Man stupft hierbei braune Tusche oder dunkle Acrylfarbe in beliebiger Dichte über die gesamte Fläche des Glases. Ein Übersprühen mit einem matten Klarlack ist dringend zu empfehlen.*

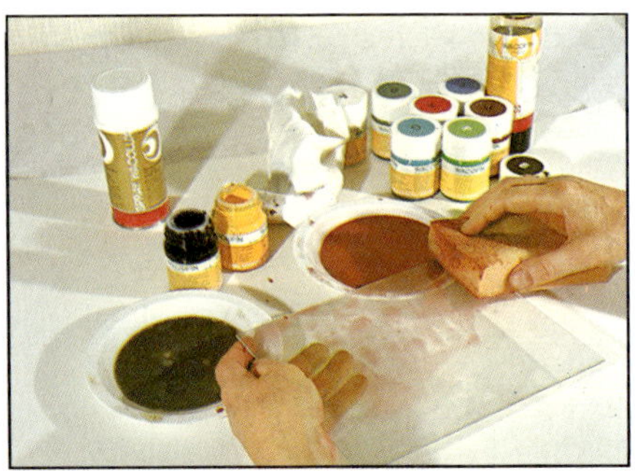

transparente Glasmalfarben widerstehen mehrmaligen Patinierungs- und Reinigungsvorgängen, ohne sich im geringsten zu verändern oder Schaden zu nehmen. Konturen dagegen könnten sich abheben, wenn bei dieser Art des Patinierens das Glas über einen Zeitraum von mehr als einer Stunde durch wiederholtes Lasieren und Abwaschen naß gehalten wird. Scharfe Reinigungsmittel sind auf jeden Fall zu vermeiden.

Ist endlich die erwünschte Wirkung erreicht und die Patina gut durchgetrocknet, kann man mit sehr feinem Glaspapier oder mit Stahlwolle durch Ausreiben der Lasur Lichteffekte schaffen. Mit nur leichtem kreisenden Druck nimmt man – in der Mitte des Bildes beginnend – von dem Motiv und dessen Umgebung so viel von der Patina ab, bis sich der erstrebte Grad der Helligkeit einstellt. Man achte darauf, daß die Übergänge nicht zu hart erscheinen.

Patina, die aus Konturenpaste hergestellt wird, bedarf eines Überstreichens mit Schutzlack, da sonst beim Reinigen des Fensterbildes der Alterungseffekt abgewaschen würde. Er kann sofort nach dem Ausreiben der Patina aufgetragen werden und ist nach etwa einer Stunde so angetrocknet, daß das Bild ans Fenster gehängt werden kann.

Bei alten Hinterglasbildern sind häufig durch feuchtes Mauerwerk, extrem große Kälte oder andere Umwelteinflüsse bedingte Verfallserscheinungen der Farben zu beobachten. Diesen Effekt vermag man teilweise vorzutäuschen, indem das Glas nach dem gründlichen Säubern künstlich auf »Alt« getrimmt wird. Die sogenannte Patina läßt sich leicht herstellen aus grauer, brauner, umbragrüner und schwarzer Farbe, die auf einem flachen Teller sehr stark verwässert werden muß. Nun überstreicht man mit einem flachen breiten Haarpinsel dünn und gleichmäßig die gesamte Fläche der Scheibe. Dieser stark transparente Farbfilm bewirkt, daß alle nachfolgenden Farben stark »gebrochen« erscheinen und ihnen viel von ihrer Leuchtkraft genommen wird. Ähnlich verhält es sich, wenn Patina mit einem weichen Lappen über das Bild gerollt, gedreht oder gewalzt wird. Das sogenannte »Schwämmln«, ein Auftupfen von verdünnter Farbe mit einem kleinen und nicht zu großporigen Schwamm, ist ebenfalls eine Möglichkeit, einen Alterungsprozeß künstlich darzustellen. Schimmel- oder Stockflecken beispielsweise kann man imitiert an den Rändern einer Scheibe so verteilen, als habe die Feuchtigkeit von den Außenkanten nach innen verlaufend das Bild ergrif-

*Die Patinierung dieses Bildes erfolgte mit stark verdünnter Konturenpaste. Die Randverzierung wurde mit einem Pinselstiel herausgekratzt.*

fen. Nicht nur der noch nasse Farbauftrag läßt sich hierbei immer wieder korrigieren, sondern auch die bereits angetrocknete Patina kann nachträglich ebenfalls Veränderungen erfahren.
Zu dünn geratene Stellen lassen sich durch erneutes Auftupfen ergänzen, und zu große Farbdichte kann mit einem Lappen ausgerieben oder mit Zahnstocher, Pinselstiel oder Kratznadel ausgedünnt werden. Die gezielten oder unbeabsichtigten Unregelmäßigkeiten, die sich beim Patinieren durch ein Tuch oder einen Schwamm ergeben, erzeugen nicht nur den Anschein von Antiquiertheit, sondern vermögen gleichzeitig ein Bild wesentlich zu beleben. Bei einem Motiv, das beispielsweise eine Landschaft zeigt, vermittelt ein nur stellenweise aufgebrachter Patina-Auftrag den Eindruck einer besonders stimmungsvollen Bildatmosphäre.
Patina muß 2- bis 3mal dünn und trokken mit einem matten Klarlack aus einer Entfernung von 30 bis 40 cm übersprüht werden, da sie durch die späteren Arbeitsvorgänge leicht verletzt werden könnte.
*Craquelieren.* Craquelée stellt eine netzartige Rißbildung dar, die vielfach auf irdenen Tongefäßen zu finden ist und die in Verbindung mit bestimmten Glasuren beim Brennvorgang entsteht. In neuerer Zeit gelang es der Farbenindustrie, Produkte zu entwickeln, die es Laien ermöglichen, einen ähnlichen Effekt auf der Oberfläche von Gläsern künstlich zu erzeugen. Zwar ist Craquelée auf alten transparenten Fensterbildern und auch auf dem Gebiet der Hinterglasmalerei völlig ungebräuchlich, doch hat es sich im Laufe der Zeit gezeigt, daß neue Techniken durchaus mit traditionellen kombinierbar sind und daher gern von experimentierfreudigen Hobbymalern in ihr gestalterisches Repertoire aufgenommen werden.
Bei Hinterglasbildern muß die gut gereinigte Scheibe bereits vor der Bemalung craqueliert werden. Umgekehrt jedoch ist die Reihenfolge bei transparenten Fensterbildern oder hellen Hohlgläsern. Das fertig gestaltete und gut durchgetrocknete Motiv muß hierbei vollständig mit einbezogen werden, wenn eine Scheibe oder ein Hohlglas craqueliert werden sollen.
Craquelierlack, der vielfach auch unter der Bezeichnung Reißlack geführt wird, ist als Set in Bastlergeschäften erhältlich und besteht aus mehreren Komponenten, nämlich Reißlack Nr. 1, Nr. 2 und Nr. 3 sowie einer Tube mit brauner Ölfarbe. Seine Anwendung erfordert ein wenig Fingerspitzengefühl und die genaue Befolgung der auf der Packung angegebenen Gebrauchsanleitung. Folgende Beschreibung der einzelnen Arbeitsgänge soll interessierten Hobbymalern zu einem harmonischen Craquelée verhelfen.
Mit einem großen Haarpinsel wird zunächst Reißlack Nr. 1 gleichmäßig auf das Glas gestrichen und danach in einem staubfreien Raum beiseite gelegt. Hier sollte er je nach Raumtemperatur und Stärke des Lackauftrages mindestens 3 und längstens 10 Stunden antrocknen. Sein vollständiges Durchtrocknen jedoch wird verhindert, wenn in dieser Zeitspanne die gesamte Fläche gut und reichlich deckend mit Craquelierlack Nr. 2 versehen wird. Es dauert etwa nur 2 Stunden, bis dieser vollständig fest geworden ist. Da der Craquelierlack Nr. 1 nun völlig dicht abgeschlossen ist, ergeben sich Spannungen, die zur Rißbildung an dessen Oberfläche führen. Bereits nach etwa 1 Stunde kann man beobachten, wie sich langsam und stetig Sprünge zeigen, die letztlich netzartig die gesamte Oberfläche des Werkstückes in unregelmäßigen Abständen überziehen. Reißlack Nr. 2 hat dann seine Aufgabe erfüllt und sollte frühestens nach 48 Stunden mit einem weichen Lappen und Leitungswasser vollständig abgewaschen werden.
Die charakteristische Musterung von Craquelée kommt erst dann zu voller Geltung, wenn die Scheibe patiniert wird. Mit brauner Ölfarbe und einem

*Bei Hinterglasbildern muß das Craquelieren vor der Bemalung ausgeführt werden.*

*Craquelée erreicht erst dann seine spezifische Wirkung, wenn die craquelierte Glasscheibe patiniert wird.*

*Die Patina muß man über den gesamten Farbträger so gleichmäßig verreiben, daß alle Vertiefungen des Craquelée vollständig einbezogen erscheinen.*

*Die genaue Linienführung beim Malen von Inschriften erfordert nicht nur Geduld, sondern auch einen Arbeitsplatz mit hellem und blendungsfreiem Licht.*

flusenfreien Lappen überschmiert man das gesamte Werkstück, wobei darauf zu achten ist, daß auch zarte Verästelungen einbezogen sind. Mit einem sauberen Tuch muß anschließend so viel Farbe weggewischt werden, bis der Ton erreicht ist, der angestrebt wurde. Es ist ratsam, die craquelierte und patinierte Scheibe für Hinterglasmalerei auf ein bereits fertiges Bild oder ein buntes Kalenderblatt zu plazieren, um so prüfen zu können, ob der Patinaeffekt die erwünschte Wirkung zeigt.

Transparente Fensterbilder jedoch hält man von Zeit zu Zeit gegen das Licht, um so zu kontrollieren, ob der Grad von Abdunkelung erreicht ist, der eigenen Geschmacksvorstellungen entspricht.

Nach 4 bis 6 Wochen kann ein craqueliertes und patiniertes transparentes Fensterbild, das bereits fertig verbleit und verlötet ist, zusätzlich mit Reißlack Nr. 3 überstrichen werden. Er hat auf die Rißbildung keinen Einfluß und dient lediglich als schützender Überzug. Man kann ihn auch unbedenklich auf uncraquelierten und unpatinierten Gläsern als Schutzlack benutzen.

Hat man lediglich die vertieften Rillen des Craquelée mit brauner Farbe betont und dagegen die Oberfläche wieder völlig ausgerieben, kann die Scheibe nach 48 Stunden mit einem haushaltsüblichen Spülmittel entfettet, mit Leitungswasser nachgespült und danach in der üblichen Art bemalt werden. Ein kräftiger Patinafilm hingegen bedarf einer gründlichen Trocknungszeit von etwa 2 Wochen, bevor er mit Craquelierlack Nr. 3 geschützt werden kann. Auch er braucht 48 Stunden zum Verfestigen, damit Konturen und Farben gut darauf haften. Ein Übersprühen mit Klarlack ist unbedingt zu vermeiden, da dieser durch seine besondere chemische Zusammensetzung Veränderungen in der Reißlackschicht verursacht. Dasselbe gilt für Goldspray.

*Man wischt nun soviel von der Patina aus, bis der Grad von künstlichem Alterungseffekt erreicht ist, den man anstrebt.*

*Soll lediglich die netzartige Rißbildung betont werden, kann nach 48 Stunden die Patina mit Wasser, dem man ein wenig Haushaltsspülmittel beigefügt hat, abgewaschen werden.*

*Craquelierte und patinierte Werkstücke, deren Oberfläche abgewaschen wurde, können sofort nach dem Abtrocknen bemalt werden.*

# Handwerkszeug und Hilfsmittel

## Arbeitsplatz

Der Raum, in dem das Hobby der Glasmalerei ausgeführt wird, sollte eine normale Zimmertemperatur von 20 bis 23 Grad aufweisen und staubfrei sein. Winzige Staubkörnchen und Flusen können sich auf der Oberfläche eines Werkstückes absetzen und mit den Farben verbinden. Oft werden sie erst nach dem Antrocknen bemerkt und können dann nur mühsam oder gar nicht entfernt werden.

Am günstigsten ist es, wenn der Arbeitstisch so aufgestellt wird, daß das Licht von links die Arbeitsfläche erhellt. Bei einer auf der rechten Seite befindlichen Lichtquelle würde die malende Hand Schatten auf dem Werkstück bilden, die bei der Pinselführung störend wirken. Linkshänder verfahren umgekehrt. Grelle Sonneneinstrahlung oder direkte Beleuchtung mit einer Lampe sind deshalb ungünstig, weil sie auf der glatten und glänzenden Oberfläche des Glases einen Spiegelungseffekt hervorrufen, der die Augen anstrengt und unnötig ermüdet.

Gutes, blendungsfreies Licht ermöglicht ein genaues Erkennen von Konturen, wodurch deren exaktes Aufmalen ermöglicht wird. Es gewährleistet außerdem eine genauere Differenzierung beim Mischen von Farben. Befindet sich zudem der Arbeitstisch in einer ruhigen, möglichst störungsfreien Stelle der Wohnung und sind genügend ausreichende Abstellmöglichkeiten vorhanden, sind wichtige Voraussetzungen für ein entspannendes und befriedigendes Malen auf Glas gegeben.

## Pinsel

Für das erfolgreiche Gestalten von Gläsern aller Art sind geeignete Pinsel eine wichtige Voraussetzung. Das Beste, was man in Maler-, Bastler- oder Schreibwarengeschäften kaufen kann, ist hierfür gerade gut genug. Ein qualitativ hochwertiger *Rotmarderpinsel* Nr. 0 oder Nr. 1 ist anzuraten, um Konturen oder andere dünne Striche ziehen zu können. Zum Ausfüllen von kleinen und größeren Flächen benötigt man je einen Rotmarderpinsel der Größen Nr. 2, Nr. 4 und Nr. 6. Sie haben die wichtigen Eigenschaften, nicht zu klecksen, sich immer wieder durch Drehbewegungen gut zuzuspitzen und sich elastisch den Bewegungen der malenden Hand anzupassen.

Das Ausmalen eines Hintergrundes bei Hinterglasmalerei erfolgt am zweckmäßigsten mit einem weichen und flachen 2 bis 3 cm breiten *Marderhaarpinsel,* der ebenso zum Ausfüllen breiter Ränder bei transparenten Fensterbildern wie auch zum Auftragen von Schutzlack dienen kann. Denselben Zweck vermögen gute Rundpinsel der Größe 10 bis 14 zu erfüllen.

Neuerdings bietet der Fachhandel Pinsel mit feinhaariger Perlonbestückung preiswert an, die zum Teil unter der Bezeichnung »Weißmarder« geführt werden. Gerade für größere Flächen und insbesondere bei transparenter Glasmalerei haben sie sich als sehr brauchbar erwiesen, da sie Farben schnell und gleichmäßig zu verteilen vermögen.

*Ein qualitativ hochwertiger Rotmarderpinsel zum Ziehen von Konturen ist empfehlenswert.*

*Das Aufstupfen von Farben auf größeren Flächen stellt eine strukturierende Variante auf allen Gebieten der Glasmalerei dar.*

Völlig ungeeignet für Glasmalerei sind harte Borstenpinsel, da sie nicht nur die Konturen verletzen könnten, sondern auch ein gleichmäßig verlaufender Farbauftrag nicht gewährleistet ist. Bei der Bemalung von Hohlgläsern gelingen weder spitze noch runde Ansätze. Auch das ausgewogene Zerfließen von Glasmalfarben und die exakte Abgrenzung von Konturen können beim Ausmalen gar nicht oder nur mühsam erreicht werden. Lediglich bei der besonderen Technik des Farbauftupfens bei transparenten Fensterbildern sollte ein harter runder Schweinsborstenpinsel Anwendung finden.

Alle Pinsel müssen nach ihrem Gebrauch sofort gereinigt werden, damit Elastizität und Streichfähigkeit erhalten bleiben. Sie sollten auch nie in Wasser oder chemischen Reinigungsmitteln verbleiben, da sich die Spitzen sehr schnell verbiegen und nur mühsam wieder in ihre alte Formen gebracht werden können. Pinsel, die nach dem Malen ungereinigt liegenbleiben oder an denen man Farbreste beläßt, können mit entsprechenden chemischen Mitteln zwar gesäubert werden, verlieren dabei jedoch zumeist an Qualität.

*Vor Malbeginn sollten alle wichtigen Hilfsmittel griffbereit auf dem Arbeitsplatz stehen.*

## Pauspapier, Radiernadel, Malstock

*Pauspapier* braucht man zum Übertragen einer Vorlage auf dunkle Hohlgläser oder helle Glasgefäße mit engem Hals.

*Zum Schattieren bedarf man eines weichen Rotmarderpinsels.*

Motiv und Kopierpapier sollten auf eine Form zugeschnitten werden, die sich der Größe des Werkstückes gut anpaßt. Sind beide Teile oder nur eines davon zu groß, können sie nur ungenau auf dem Hohlglas, das zumeist Rundungen aufweist, plaziert werden.

Man legt Pauspapier so auf das Werkstück, daß dessen beschichtete Seite unmittelbar auf dem Glasgefäß aufliegt, und fügt danach das Muster auf das Kopierpapier. Beides wird durch Klebestreifen an mehreren Stellen mit dem zu bemalenden Gegenstand verbunden, so daß ein Verrutschen der Vorlage nicht zu befürchten ist. Mit einem harten Bleistift und kräftigem Druck zieht man nun alle Konturen nach. Vor dem Ablösen der Klebestreifen sollte zunächst nur eine Stelle angehoben werden, um zu prüfen, ob nichts vergessen wurde.

Kohlepapier, wie es bei Durchschlägen mit der Schreibmaschine verwendet wird, ist ungeeignet, da die Beschichtung sich mit dem nachfolgenden Farbauftrag vermischen und diesen in seiner Tönung völlig verändern kann.

*Die Verbleiung ist die klassische und überlieferte Form der Einfassung oder Zusammensetzung eines Fensterbildes.*

## Hilfsmittel

Vor Malbeginn sollten einige wichtige »Helfer« griffbereit auf dem Arbeitsplatz zur Verfügung stehen. Zum Zeichnen oder Kopieren einer Vorlage benötigt man *Transparent-* oder *Architektenpapier* sowie einen weichen und einen harten *Bleistift.* Die Anschaffung einer Palette erscheint wünschenswert, ist jedoch nicht unbedingt notwendig, weil ein größerer flacher Teller die gleichen Funktionen übernehmen kann. Mehrere *kleine Gefäße* wie gesäuberte Medizinfläschchen, Deckel von Marmeladengläsern oder Schraubverschlüsse von Flaschen eignen sich gut zum Mischen größerer Farbmengen. Hierin lassen sich die verschiedenen angerührten Töne zudem über einen längeren Zeitraum hinweg feucht und geschmeidig erhalten, wenn man einige Tropfen von Verdünnungsmitteln und eine Frischhalte- oder Backfolie darüberfügt. Bei transparenter Malerei erweist sich eine *Glasscheibe oder eine Scherbe* als unerläßlich beim Mischen von Farben, weil erst mit Hilfe von deren Durchsichtigkeit die genaue Abstufung einzelner Töne erkennbar wird. Außerdem sind Scherben und unbrauchbare Flaschen für erste Übungen nötig, um mit der Konsistenz und Zerfließbarkeit von Farben in Verbindung mit Pinselstärke und Pinseldruck vertraut zu werden.

*Ein Malstock* zum Abstützen der malenden Hand verhindert das Verschmieren noch nicht angetrockneter Farben. Er kann selbst angefertigt werden, indem man das untere Ende eines stabilen und nicht durchbiegsamen Holzstabes mit einem Leinen- oder Baumwollappen umwindet und diesen mit Zwirn oder Klebeband fest haltbar verbindet. Beim Bemalen einer Schale oder eines Glastellers mit erhabenen Rändern kann ein Malstock vorteilhaft durch ein kräftiges Lineal oder ein entsprechendes schmales Holzbrett, das sich nicht durchbiegt, ersetzt werden. Man fügt es quer über die Außenränder des Werkstückes, legt darauf die malende Hand und dreht beides in die jeweilige Lage, die für den Malvorgang am günstigsten erscheint. Soll ein höherer, rund geformter Gegenstand dekoriert werden, wie etwa eine Vase oder eine Flasche, ist es ratsam, aus zwei 10 × 10 cm und einem 10 × 30 cm großen Brettchen eine kleine Bank zusammenzunageln, die ebenfalls zum Abstützen der Hand wichtig ist. Das Hohlglas wird so unter der Bank plaziert und gegebenenfalls gedreht, wie es sich beim Bemalen als bequem erweist.

Eine *Radiernadel* oder ein *Kratzstift* dient zwar in erster Linie dem Herauskratzen eines aufgezeichneten Motivs bei der Hinterglasradierung, kann jedoch ebenfalls bei Korrekturen von Konturen Anwendung finden. Denselben Zweck erfüllen angespitzte Holzstäbchen oder Zahnstocher. Ein weiches Papiertuch zum Unterlegen der malenden Hand ist deshalb wichtig, weil es Flachglas vor Schweißspuren schützt. Ein Gefäß mit Wasser, ein spitzes Messer, Klebeband und flusenfreie Lappen zum Auswischen von Pinseln vervollständigen die Ausstattung von Hobbymalern.

*Konturenpaste* und *Konturenfarbe* stellen Gestaltungsmittel dar, die das genaue Abgrenzen von Motivumrissen ermöglichen.

In Bastlergeschäften wird schwarze und bleigraue Konturenpaste angeboten, die bei transparenten Fensterbildern die antike Wirkung von Schwarz-, Blei- und Silberlot nachahmen soll. Die Paste wird direkt aus der Tube entlang der Strichführung eines Musters unmittelbar auf

# Motive

Die Auswahl an Vorlagen, sogenannten Rissen, für transparente Fensterbilder und Hinterglasmalerei ist reichhaltig und gut sortiert. Sie werden in Bastler- und Schreibwarengeschäften in Schwarz-Weiß-Ausführung, zum Teil mit Farbvorschlägen versehen oder mit stark verkleinerten bunten Abbildungen, angeboten, die für Neulinge auf

*Traditionelle Darstellungen der Hinterglasmalerei eignen sich ebenso gut wie neuere als Vorlagen für diese alte Technik.*

die Scheibe gedrückt, wobei kräftige und erhabene Konturen entstehen.
Konturenfarbe muß mit einem dünnen Haarpinsel aufgemalt werden und ist in zwei verschiedenen Varianten erhältlich, und zwar einmal als wasserverdünnbare Konturenfarbe, die sich sowohl bei transparenter als auch bei Hinterglasmalerei bewährt hat. Die zweite Art ist einbrennbar bei einer Temperatur von 100 auf 130 Grad. Obwohl das Brennverfahren nur im häuslichen Backherd erfolgt, stellt sich hierbei eine so große Verfestigung der Konturenfarbe ein, die sie nicht nur bei Hinterglasmalerei, sondern gleichermaßen auch bei transparenter Glasmalerei geradezu unangreifbar und narrensicher geraten läßt. Bei der Bemalung von Hohlgläsern mit Emaillackfarben kann man das zum jeweiligen Sortiment verschiedener Herstellerfirmen gehörende Schwarz gleichzeitig auch als Konturenfarbe benutzen.
Die Verbleiung ist die klassische und überlieferte Form der Einfassung oder Zusammensetzung eines Fensterbildes, zu der man *Bleiruten* verwendet. Sollen ganze Fenster oder Türfüllungen gefaßt werden, ist unbedingt diese Methode zu wählen, da sie allein die benötigte Stabilität gewährleistet. Natürlich kann man auch Glasbilder, die an das Fenster gehängt werden, mit Bleischienen rahmen, die in U- und in H-Form in Glaserwerkstätten erhältlich sind.
Eine wesentlich einfachere Art der Einfassung bietet jedoch das selbstklebende *Bleiband,* das in Bastlerpackungen im Hobbyhandel angeboten wird. Es ist auf einer Seite mit einem Klebemittel beschichtet, das eine sehr gute Arbeitshilfe bietet, weil dadurch ein unerwünschtes Verrutschen oder Abgleiten verhindert wird. Dieses Bleiband besteht zumeist aus fünf aneinandergereihten Streifen, die durch eingekerbte Linien, die sogenannte Perforation, leicht teilbar sind.
Zur Verarbeitung von Bleischienen und Bleibändern braucht man ein scharfes spitzes *Messer* oder eine *Schere* zum Zurechtschneiden von Bleistücken, ein *Lineal* und, wenn nötig, ein Winkeleisen. Ein 50 bis 80 Watt starker *Lötkolben, Lötdraht, Pinzette* und eine silbergraue Kette von 40 bis 60 cm Länge dienen der Verfestigung und Einfassung transparenter Fensterbilder und deren Aufhängemöglichkeit.

*Bleiband besteht aus weichen und schmiegsamen Streifen und läßt sich auch auf Rundungen mühelos verarbeiten.*

*Gleiche Motive können dem eigenen Geschmack angepaßt und verändert werden (siehe auch Abb. auf Seite 65).*

diesem Gebiet eine gute und empfehlenswerte Hilfe beim späteren farbigen Gestalten darstellen. Motivbögen sind vielfach in Anleitungsheften eingefügt oder können als Entwurfsmappen, die speziell auf bestimmte Bücher der Fachgebiete »Transparente Glasmalerei« und »Hinterglasmalerei« abgestimmt sind, ergänzend mit eingekauft werden. Da die einzelnen Herstellerfirmen jeweils verschiedenartige Vorlagen in den Fachhandel bringen, ein einzelnes Geschäft jedoch nicht alles miteinander anzubieten vermag, sollte man in mehreren Hobby- und Schreibwarenläden nach guten Vorlagen Umschau halten. Dort sind auch Vorlagen und Anregungen für die Bemalung von Hohlgläsern erhältlich, doch erweist es sich, daß für dieses Hobby die Auswahl an Mustern und anleitender Literatur noch verhältnismäßig gering ist. Hier ist zu empfehlen, Anregungen und Muster aus anderen Hobbybereichen einzuholen, die für das zu bemalende Werkstück geeignet erscheinen.

Das Angebot an Vorlagen ist so vielseitig in seinen Darstellungsarten, daß die jeweiligen Wünsche von Hobbymalern, die sich beim Gestalten auf dem Werkstoff Glas an Risse halten möchten, vollauf befriedigt werden können. Es versteht sich von selbst, daß absolute Anfänger mit klargegliederten und großzügig angelegten Motiven beginnen sollten. Mit zunehmender Übung wird es viel Spaß machen, die mannigfaltigen Darstellungsarten mitsamt ihren Schwierigkeitsgraden durchzuprobieren.

Die Skala angebotener Risse für Hinterglasmalerei umfaßt sowohl alte traditionelle Heiligenbilder, die manchmal den Vorzug originalgetreuer Wiedergabe genießen, als auch solche aus dem Gebiet bäuerlicher Malerei, wobei die charakteristischen Merkmale einzelner Stilepochen vielfach ausgedrückt erscheinen. Bei transparenter Glasmalerei wechseln Nachempfindungen von Glasgemälden aus der Zeit der Gotik und Renaissance mit solchen aus der Jugendstilepoche ab. Motive mit Landschaften oder städtische Idyllen sind ebenso vertreten wie Dekore von Blumenarrangements oder Abbildungen einzelner Berufsgruppen und deren typischen Handwerkzeugs. Erwähnenswert sind ebenfalls die vielfältigen Darstellungen aus dem Bereich Naiver Malerei sowie einfache, stark stilisierte und klar verständliche Entwürfe, die nicht nur leicht zu malen sind, sondern auch durch schlichte Prägnanz bestechen.

Hobbyfreunde, denen die Technik des Malens mit allen ihren mannigfachen Gestaltungsmöglichkeiten bereits vertraut ist, werden bald auf vorgegebene Motive verzichten und versuchen, eigene und individuelle Wege zu gehen. Der Blick für Wesentliches und Unbedeutsames in Verbindung mit bestimmten Farbvorstellungen wird sich inzwischen als weitgehend geschult erweisen. Besitzt der Laienmaler dann noch zeichnerische Talente, werden selbstgefertigte Entwürfe keine Schwierigkeiten bereiten. Erst in der Ausführung seiner ureigensten Ideen und Wunschvorstellungen wird er seine endgültige Zufriedenheit finden.

Doch Talente sind rar verteilt. Wohl vermag man sie zu wecken und durch genaues Schauen und vieles Üben zu vervollkommnen, erzwingen jedoch kann man sie nicht. Es besteht dennoch nicht der geringste Grund, den Mut zu verlieren, denn mangelnde zeichnerische Begabung läßt sich durch Phantasie und Vorstellungsvermögen ersetzen.

Neben Anregungen, die auf die spezifischen Arten von Glasmalerei ausgerichtet sind, kann man auch auf andere Gebiete künstlerischer Ausdrucksformen ausweichen. Sie finden sich in Kunstbänden, wobei nicht nur der Überschaubarkeit einfacher Formen und dem Bildaufbau, sondern auch der Zusammenstellung und Verteilung von Farben Beachtung geschenkt werden sollte. Klar erkennbare Umrisse vermag man mit Hilfe von Transparentpapier abzuzeichnen, und unscharfe Details sollte man später frei nachempfinden oder ganz weglassen, wenn sie zu schwierig oder unwichtig erscheinen. Natürlich sind im Buchhandel auch Werke erschienen, die sich als einschlägige Fachliteratur auf die verschiedenen Gebiete der Glasmalerei beziehen und die für Hobbymaler ganz sicher von großem Interesse sind.

Die Qual der Wahl wird dann vollkommen, wenn man in Buchhandlungen, Antiquariaten, Trödlermärkten, bei Freunden oder im eigenen Haushalt nach alten Kalendern, Kunstpostkarten, Zeitschriften sowie Kinder- und Lesebüchern stöbert. Auch Erdkunde- und Biologiebücher vermögen oftmals wertvolle Anregungen zu vermitteln. Vielleicht läßt sich eine alte bebilderte Heiligenlegende auftreiben, die interessierten Hinterglasmalern christliche Motive aufzeigt. Alte Stiche und Kohlezeichnungen können für Hinterglasradierungen oder transparente Fensterbilder und Abbildungen von Scherenschnitten hilfreiche Anregungen für Hinterglascollagen bieten. Ein besonderes Kapitel stellen originelle Fotos aus der Kinderzeit dar, die man abzeichnen, mit Hilfe eines Pantographen vergrößern und dann malerisch gestalten kann. Dasselbe gilt für besonders schöne Urlaubserinnerungen auf Fotos und Postkarten, deren oft farbige Wiedergabe zwar gut und genau ist, deren Ausmaße zum Malen jedoch als zu kleinformatig erscheinen.

Pantographen, auch »Storchenschnabel« genannt, dienen sowohl dem Verkleinern als auch dem Vergrößern von Abbildungen und Motivvorlagen. Sie werden in Schreibwarengeschäften geführt. Man sollte die einfacheren Formate Schulkindern überlassen und gute Qualitäten wählen, da sie eine genauere Bildwiedergabe vermitteln. Ihre Anwendung ist einfach, und eine beiliegende genaue Gebrauchsanweisung sorgt für ein exaktes Aufzeichnen von Umrissen. Gelegentliche Ausrutscher bei der Führung des Stiftes zeigen sich natürlich entsprechend vergrößert oder verkleinert, immer aber als ungenaue und verschobene Kontur bei der Abzeichnung. Man kann sie wegradieren und die Fehlstelle neu nachmalen.

Der Phantasie eines Hobbymalers sind keinerlei Grenzen gesetzt, wenn bestimmte Bestandteile einer Vorlage abgeändert, ergänzt oder umgestellt werden. Das Zusammenfügen einzelner Motivpartien aus mehreren verschiedenen Entwürfen oder abgezeichneten Umrissen von Fotos zu einem neuen einheitlichen Bild ist hierbei nicht mehr absolute Kopie, sondern vermag bereits eigene Wunschvorstellungen zu realisieren. So kann beispielsweise das abgezeichnete Elternhaus mit einer zweiten Abzeichnung kombiniert werden, auf der man selbst mit seinen Geschwistern oder Freunden dargestellt ist. Auf die Art ist es auch möglich, den Hof, den Garten oder die Straße, in der man gelebt hat, entweder frei nach der Erinnerung oder ebenfalls durch eine mit dem Pantographen vergrößerte Darstellung wiederzugeben. Durch Verschiebungen dieser drei einzelnen Motive untereinander kann man nun versuchen, eine harmonische Anordnung zu treffen, die nach der malerischen Gestaltung dann zwar nicht mehr den Vorzug naturgetreuer Wiedergabe besitzt, dem Maler dennoch Gelegenheit gibt, durch Realisierung eigener Gedanken eine große Befriedigung zu erreichen.

Besonders originelle Neuschöpfungen können durch das Aneinanderreihen gleicher Dekorteile herbeigeführt werden, bei denen man beispielsweise den Entwurf eines einzelnen Fisches so oft aufzeichnet, daß ein ganzer Schwarm davon einen Fluß oder See bevölkert. Aus einem einsam stehenden Baum vermag man durch mehrfache Wiederholungen, eine Allee anzudeuten und bereits aus zwei verschiedenen Baumformen einen ganzen Wald wachsen zu lassen. Der Darstellung einer einzelnen Gans kann man Artgenossen zuordnen, so daß in des Wortes genauer Bedeutung ein Gänsemarsch gezeigt wird. Die Beispiele hierfür ließen sich beliebig weiterspinnen, denn sie sind einfach unerschöpflich. Figürliche Darstellungen erweisen sich dabei ebenso geeignet wie Tiere, Gewächse oder Gebäude. Geringfügige Veränderungen werden jedem Hobbyfreund mühelos gelingen. Es bedarf zumeist auch keines großen Könnens, das kleine Motiv einer reizvollen Landschaft einem wesentlich größeren Farbträger anzupassen. Himmel, Horizont, Berge und Wiesen sollten in der bereits auf der Vorlage aufgezeichneten und in der natürlich verlaufenden Art der Linienführung bis hin zu den Kanten der Scheibe geführt werden. Damit der Eindruck von Anstückelei vermieden wird, sollte auch die Vegetation durch Gräser, Bäume oder Buschwerk ergänzt werden.

Ein Blumenstrauß, dessen Proportionen für den gewählten Farbträger zu klein erscheinen und sich darauf »verlieren« würden, kann in ein rundes oder ovales Medaillon plaziert werden, so daß die zusätzliche Fläche, die dann das Bild umgibt, eine farblich kontrastierende gegliederte Erweiterung verursacht, die zudem den Vorzug hat, das Bild optisch herauszuheben. Heiligenbilder der traditionellen Hinterglasmalerei weisen oft breite und reich geschmückte Randverzierungen auf, die ebenfalls das Bild vergrößern und bereichern. Diese einrahmenden sogenannten Kartuschen sind entweder zwei- oder vierseitig symmetrisch und bieten einen zusätzlichen ornamentalen Schmuck, der zum Teil symbolhaltigen Charakter trägt.

Transparente Fensterbilder erhalten durch farbige Rahmungsgläser, die sich zumeist durch Farbkontraste vom Haupt- und Mittelglas unterscheiden, einen erweiternden und vergrößernden Effekt. Jede Scheibe ist hierbei mit der anderen durch verlötete Bleiruten verbunden. Rahmende Seitengläser können zusätzlich noch eine zierende ornamentale Bemalung erhalten.

Anregungen und Muster für die Bemalung von Hohlgläsern erhält man in Bastler- und Schreibwarengeschäften, doch es erweist sich, daß auf diesem

*Bilderpaare, die in Farbe und Motiv harmonisch aufeinander abgestimmt sind, verleihen einem Raum eine ganz persönliche Note.*

Bastlersektor die Auswahl an einführender und informierender Literatur sehr gering ist. Auch mangelt es oft an einschlägigen Vorlagen, so daß man sich auf nebengeordneten Gebieten dieser Gestaltungsart umsehen muß. Zahlreiche Anregungen ergeben sich aus den Motiven der Bauernmalerei, der Hinterglasmalerei und der transparenten Fensterbilder. Hier kann man aus einer Fülle von Schwarzweißvorlagen und bunten Gestaltungsvorschlägen auswählen und sie den eigenen Vorstellungen entsprechend ausführen. Zumeist müssen diese Muster verkleinert werden, da sie überwiegend für größere Flächen vorgesehen sind. Man kann jedoch auch beispielsweise den vorgegebenen Vorlagen Blütenzweige entnehmen und diese mit anderen variieren, kann Blumenformen austauschen und sollte Ranken und Schnörkel gegebenenfalls hinzufügen. Mit viel Phantasie und etwas Probieren gelingen sehr schnell eigene und reizvolle Dekors.

Weitere gute Anregungen erhält man durch die entsprechenden Auslagen oder einschlägigen Dekorationen in Geschäften, die Porzellanwaren führen. Hier entdeckt man sicher auch Prospektmaterial, das für das eigene Malvorhaben verwertbar erscheint. Vor allem aber sollte man Aufbau, Proportionen und farbige Kombinationen genau betrachten, aufnehmen und dem persönlichen Geschmack entsprechend umwerten. Sehr schnell werden Anfänger, die mit klaren und großflächigen Blumenarrangements beginnen sollten, bemerken, daß ein mehr oder weniger unzulänglich gemalter Strauß allein durch eine gut durchdachte Farbkomposition harmonisch und dekorativ zu wirken vermag.

Motive sollten vor Malbeginn immer auf einem Stück Transparentpapier, das die Fläche des zu bemalenden Werkstückes nicht übergroß abdecken darf, aufgezeichnet oder entworfen werden. Wenn dies lediglich ungefähr nach Augenmaß geschieht, können leicht disharmonische Proportionen entstehen. Ein nicht zurechtgeschnittenes und überlappendes Muster läßt sich zudem sehr schlecht und oftmals ungenau auf dem Werkstück plazieren.

*Der Entwurf für ein Bild kann durch das Aneinanderreihen gleicher Dekorteile herbeigeführt werden. Aus dem Motiv eines einzelnen Fisches kann auf diese Weise eine Fischfamilie entstehen.*

# So entstehen transparente Glasbilder

Nachdem alle oft mühseligen Vorbereitungsarbeiten geschafft sind, kann man endlich die gut gereinigte Glasscheibe genau auf die gewählte Vorlage fügen. Bei Glas mit unebener Flächenstruktur muß die glatte Seite selbstverständlich nach oben zeigen. Beide verbindet man an mehreren Stellen mit Klebestreifen, um Verschiebungen zu verhindern. Damit kein Fett- oder Schweißfilm durch die aufliegende Hand entsteht, ist es zweckmäßig, ein Papiertaschentuch zum Schutz des Glases unterzulegen.

## Konturen

Die durch das Glas gut sichtbare Strichführung wird nun mit Konturenpaste nachgezogen. Die Paste kann direkt aus der Tube aufgedrückt werden, wobei kräftige und erhabene Konturen entstehen. Manche Herstellerfirmen bieten zusätzlich Vorsatzdüsen mit der Konturenpaste an, die zwar eine erhöhte, doch wesentlich verschmälerte Einfassung verursachen. Will man eine sehr feine und zarte Linienführung erreichen oder Schattierungen andeuten, sollte man zum Rotmarderpinsel Nr. 0 oder Nr. 1 greifen. In diesem Fall ist Konturenfarbe zu empfehlen, die in zweierlei Ausführungen erhältlich ist, wovon die wasserverdünnbare Sorte keiner weiteren Nachbehandlung bedarf und die einbrennbare Art eingebrannt werden muß, damit sie von später nachfolgenden Farben chemisch nicht angegriffen werden kann.

Es ist zweckmäßig, den Pinsel nicht unmittelbar in das Gefäß mit Konturenfarbe zu tauchen, sondern geringe Mengen auf ein kleines flaches Schälchen zu schütten. Das hat den Vorteil, daß man einerseits die Dose sofort wieder schließen und somit vor schnellerem Antrocknen schützen kann, andererseits den Pinsel nicht zu tief in den Farbtopf stecken muß. Farbe, die bis zum Stielansatz reicht, kann nicht nur klecksen, sondern auch zu dicke und unkontrollierbare Linienansätze ergeben. Durch leichte Drehbewegungen auf einer Glasscherbe streift man nicht nur überschüssige Farbe ab, man erreicht dabei zugleich, daß sich der Pinsel erneut zuspitzt.

Das Ziehen der Konturen erfolgt mit leichtem und gleichmäßigem Druck. Die Hand sollte beim Führen des Pinsels oder der Tube immer aufliegen und in der gleichen natürlichen und unverkrampften Stellung gehalten werden, in der man auch schreibt. Am besten ist es, wenn Sie vor Beginn des Bildes einige Striche auf der Glasscherbe üben, um ein sicheres Gefühl für den nötigen Druck von Tube oder Pinsel in Verbindung mit der Farbmenge zu erlangen.

Sind alle Konturen fertig nachgezogen, löst man das Glas von der Vorlage und kontrolliert, die Scheibe gegen eine Lichtquelle haltend, ob alle Linien sich berühren. Sollte dies nicht der Fall sein, muß nachgearbeitet werden, weil sonst die Farbe nicht innerhalb der Konturen bleibt, sondern ausfließt. Dasselbe gilt für gespaltene, zu dünne und transpa-

*Motive, die für die gewählte Größe des Farbträgers zu klein sind und sich darauf verlieren würden, können in ein rundes oder ovales Medaillon plaziert werden. Die auf diese Weise gewonnene zusätzliche Fläche vermag ein Bild auf sehr dekorative Art zu erweitern (siehe fertiges Stück auf Seite 68).*

*Vor Malbeginn muß das Werkstück gründlich gereinigt werden.*

*Die feste Verbindung von Glas und Muster durch Klebestreifen verhindert Verschiebungen und ermöglicht dadurch ein genaues Arbeiten.*

*Beim Nachziehen von Konturen sollte die malende Hand auf einem Blatt Papier ruhen, um das Glas vor Hautabsonderungen zu schützen.*

*Vor dem farbigen Gestalten muß geprüft werden, ob die Linienführung vollständig geschlossen erscheint. Korrekturen sind dringend anzuraten.*

rentwirkende Striche. Hat man gekleckst oder stellenweise zu dicke Ansätze und Linien gezogen, schneidet man diese nach dem Durchtrocknen mit einem Küchenmesser oder einer Rasierklinge weg. Reste oder Schmierstellen werden mit Verdünner ausgewischt.

Konturenpaste wird je nach Stärke des Auftrags in 30 bis 50 Minuten fest. Die Trocknungszeit verkürzt sich wesentlich, wenn mit einem Pinsel gearbeitet wurde. Das gilt natürlich auch für Farbe, die nach der Arbeit auf dem Pinsel verblieben ist. Er sollte sofort in Wasser oder Verdünnung ausgespült und später mit Kernseife und warmem Wasser nachgewaschen werden. Läßt man ihn mit eingetauchter Spitze im Wassergefäß stehen, krümmen sich die feinen Haare und lassen sich nur mühsam wieder in ihre ursprüngliche Form bringen. In Ruhe kann man nun aufatmen, der schwierigste Arbeitsgang ist geschafft. Machen Sie sich klar, daß die menschliche Hand nicht mit der Gleichmäßigkeit einer Maschine geführt werden kann. Bei leicht verschobenen, an den falschen Stellen gekrümmten oder gar verzitterten Konturen sollte man keine allzugroße Selbstkritik üben. Sie beleben den Gesamteindruck und wirken sozusagen menschlich. Hängt Ihr Erstlingswerk erst einmal am Fenster, fallen solch kleine Ausrutscher letztlich nur noch Ihnen selbst auf.

*Mit Bleieinfassung und angelöteter Kette versehen kann das fertiggestellte Bild endlich seinen Platz am Fenster erhalten.*

## Farbenwahl

Nun wird die Wahl der Farben aktuell. Zunächst einmal überlegt man, in welchen Raum das Fensterbild gehängt werden soll, und vergegenwärtigt sich die vorhandenen Farben, besonders die der Vorhänge und Teppiche. Die farbliche Gestaltung eines Glases, das das Kinderzimmer oder die Küche schmükken soll, kann anders sein als beispielsweise die für das Wohnzimmer. Verschenkt man sein Werk, wird man neutrale Kombinationen wählen, malt man für sich selbst, versucht man individuelle und sehr persönliche Farbvorstellungen zu realisieren. Wählen Sie Töne, die Sie mögen, die Ihnen sympathisch sind! Sie malen dann nicht nur lieber, sondern auch besser.

Jedes Bild besteht aus einem Motiv und dessen Umgebung, dem sogenannten Feld, das am Rand des Glases endet. Dieses Feld kann ohne Farbauftrag bleiben oder sollte zumindest in lichten pastelligen Tönen gestaltet werden. Anders verhält es sich mit dem Motiv, das kräftige, leuchtende Farben verträgt. Starke Kontraste wirken ebenso reizvoll wie eine feine Ton-in-Ton-Abstimmung. Zu viele verschiedene Farben wirken unruhig und können die Ausgewogenheit der Farbkomposition stören. Kurze Angaben über die Farbverteilung auf der Mustervorlage notiert, können eine hilfreiche Gedankenstütze sein.

*Das Ausmalen eines Motivs kann in beliebiger Reihenfolge geschehen, wobei das Werkstück in die jeweilige Lage gedreht werden kann, die für das Arbeiten am bequemsten ist.*

*Der Rand sollte am zweckmäßigsten zum Schluß farbig gestaltet werden, um ein Verschmieren noch feuchter Farben zu vermeiden.*

*Wenige Farbtöne genügen, um bei Transparenter Glasmalerei harmonische Effekte zu erzielen. In ihrer Zusammenstellung sollten sie sich ihrer Umgebung anpassen.*

Das Abenteuer des Ausmalens kann beginnen. Man schüttelt die gewählten Farben vor dem Öffnen leicht und schiebt ein Papiertaschentuch zum Schutz der Scheibe unter die aufliegende Hand. Mit dem Pinsel Nr. 4 malt man nun die entsprechenden Flächen innerhalb der Konturen aus. Wir alle haben das schon mit anderen Farben oder Stiften während unserer Kinderzeit versucht. Es geht leicht und schnell. Farben sollten satt und kräftig aufgetragen werden, damit ein gleichmäßiges Zerfließen gewährleistet ist. Bei größeren Flächen ist es ratsam, den Pinsel Nr. 7 zu verwenden und die Farbe auftropfen zu lassen. Sie verläuft in kürzester Zeit. Soll dieser Prozeß beschleunigt werden, hebt man die Scheibe an und bringt durch leichte Drehbewegungen die Farbe zur schnelleren und damit gleichmäßigeren Verteilung. Konturen dürfen mit dem Pinsel berührt werden, doch wirken darüber hinauslaufende Farben störend. Sie werden sofort, noch bevor sie antrocknen können, mit einem Lappen weggeschoben oder aufgetupft. Will man von einer Farbe zur anderen wechseln, kontrolliert man zunächst, ob auch alles bis in die letzte Ecke ausgefüllt ist, und korrigiert gegebenenfalls die entsprechenden Stellen. Der Pinsel wird nun im Lappen abgewischt, anschließend in Verdünner ausgespült und abgetrocknet. Das Ausmalen mit den nächsten Farben kann in der eben beschriebenen Art fortgesetzt werden, bis schließlich das ganze Bild fertiggestellt ist.

Koloriertes Glas ist besonders dann bei Fensterbildern zu empfehlen, wenn es mit anderen farbigen Gläsern kombiniert werden soll. Die bekannteste Art ist die, ein rechteckiges Mittelstück, auch Medaillon genannt, in einen Rahmen aus unterschiedlich getönten Gläsern zu fügen. Diese kann man mit Hilfe eines Glasschneiders selbst leicht in die entsprechenden Formen schneiden und mit angepaßten Bleiruten verlöten. Das Schneiden kreisrunder Scheiben ist für Anfänger sehr schwierig, ergibt häufig Einbrüche und Ecken an den Schnittkanten und bedarf großer Erfahrung. Es ist hierbei zu überlegen, ob es sinnvoller ist, einer Glaserwerkstätte das Zuschneiden nach einer selbstgefertigten Zeichnung zu überlassen und dann die weitere Verarbeitung selbst auszuführen.

Bei der Wahl von kolorierten Flachgläsern sollte man sich zunächst für die Hauptfarbe entscheiden und überlegen, mit welchen Tönen man sein Motiv ausmalen möchte. Ein stark koloriertes Mittelglas vermag den Farbauftrag nicht nur stark zu überdecken, sondern kann

auch zu völlig veränderten Abtönungen führen. So zeigt eine gelbe Malerei auf einer blauen Scheibe einen kräftigen Grünstich, und Rot gerät auf ihr zu einem mehr oder weniger farbintensiven Violett.
Die nächste Entscheidung betrifft die Farbe der Rahmengläser. Sie sollten bei Tageslicht nebeneinanderliegend aufeinander abgestimmt werden. Die Wahl von sanften und hellen Grün- und Gelbtönen ist bei anfänglicher Unsicherheit deshalb ratsam, weil sich ihnen fast alle Kontrastfarben anzupassen vermögen.
Es erscheint empfehlenswert, zunächst das Motiv des Hauptglases völlig auszumalen, weil es sich ohne die Ränder leichter auf der Arbeitsfläche in die Richtung drehen läßt, in der man am bequemsten zu arbeiten vermag. Das gilt auch für Randscheiben, die ein zusätzliches Dekor erhalten sollen. Beim späteren Verbleien ist es ratsam, daß die Bemalung so lange wie möglich nach oben zeigt, um das Zerkratzen von Farben durch abgeschnittene Rückstände von Bleiruten zu vermeiden.
Geübten Hobbykünstlern und solchen, die viel Geschick, Geduld und das Bedürfnis haben, größere Bilder oder ganze Fenster zu gestalten, ist zu raten, sich in der Methode des traditionellen Verbleiens zu versuchen. Da kaum maßgerechte Muster und nur wenige Sachbücher für Laien erhältlich sind, sollte man sich an eigene Entwürfe wagen. Inspirationen dafür kann man einschlägigen Kunstbänden entnehmen, die zugleich hervorragende Beispiele ausgewogener Farbigkeit in Verbindung mit harmonischer Flächenaufteilung vermitteln.
Mehrere Vorentwürfe auf Zeichenpapier in Größe des Fensterbildes sind ratsam, um durch Vergleiche genau abwägen zu können, welcher von ihnen am geeignetsten erscheint. Die Motive sollten großflächig angelegt sein und sich der von der transparenten Glasmalerei stark unterscheidenden Technik anpassen. Man sollte sich klarmachen, daß hier die Konturen durch etwa 8 mm breite Bleiruten entstehen und die Farbigkeit einer Darstellung durch in genaue Formen geschnittenes koloriertes Glas erfolgt, das man mosaikartig zu dem gewählten Bild zusammenfügen muß.
Hat man sich für ein bestimmtes Motiv entschieden, wird zunächst eine ganz exakte Musterzeichnung auf Transparentpapier angefertigt. Über das vielfach korrigierte und dadurch mitunter oft nicht ganz klare Motiv legt man Transparentpapier, befestigt es an der Unterlage mit Klebestreifen und zeichnet mit einem schwarzen Stift alle Konturen nach. Auf dickes Packpapier oder dünne Pappe werden nun ausreichend viele Bögen Kopierpapier gefügt, und auf diesen muß die endgültige Musterzeichnung aufliegen, um mit einem harten Bleistift entlang der gesamten Linienführung durchgepaust zu werden. Keineswegs vergessen darf man dabei die genaue Markierung der Kantenabschlüsse. Um ein Verrutschen der einzelnen Papierschichten zu vermeiden, sollten sie an mehreren Stellen mit Heftstiften auf der Arbeitsfläche befestigt werden.
Nach dem Ablösen der Mustervorlage darf nicht vergessen werden, auf allen abgegrenzten Flächen die gewählten Farben zu notieren oder durch Nummern zu kennzeichnen. Das muß auch identisch mit dem Original auf der Durchpause geschehen.
Alle auf dem Packpapier oder der dünnen Pappe kopierten Linien sollten nun mit einem dicken Filzschreiber auf 2 mm verstärkt werden, weil diese den Kern der H-förmigen beidseitig profilierten Bleirute markieren. Unter Aussparung des 2 mm breiten Striches schneidet man nun an dessen äußeren Seiten alle Teile aus. Diese Papiermosaikstücke dienen als Schablonen beim Zuschneiden der kolorierten Flachgläser.
Dazu wird ein Glasschneider benutzt, der aus einem scharfen Stahlrad mit Haltegriff in Verschraubung besteht.

*Zum Schneiden von Glas nach einem gewählten Muster wird ein Glasschneider benutzt, den man mit kräftigem und gleichmäßigem Druck führen muß.*

*Durch leichtes Klopfen mit dem Glasschneider an der Unterkante des Werkstückes erweitert sich die Schnittstelle. Mit gleichmäßigem Druck beider Hände vermag man nun die Glasteile auseinanderzubrechen.*

*Das lose Aneinanderfügen des Glasmosaiks schafft einen Überblick, der zeigt, ob alle Teilstücke die vorgesehene Größe besitzen und nichts vergessen wurde.*

Die flach auf der Arbeitsfläche aufliegende große Scheibe bedarf einer Unterlage aus dicker Pappe oder mehrfach übereinander gefügter Zeitungen. In leichter Schrägstellung führt man nun den Glasschneider mit kräftigem und gleichmäßigem Druck an den aufgelegten Schablonen entlang. Dabei muß die Verschraubung nach rechts außen zeigen und diese durch den Mittelfinger der Arbeitshand eine zusätzliche Stütze erhalten. Da Glasschnitte nur einmal gezogen werden sollten, erscheinen vorangehende Versuche auf Fensterglas dringend ratsam. Durch leichtes Klopfen mit dem Glasschneider auf der Unterseite des Werkstückes vermögen sich Bruchstellen zu erweitern und leichter voneinander zu lösen. Mit gleichmäßigem Druck beider Hände vermag man nun, das ausgeschnittene Glasteil auszubrechen, wobei bei längeren geraden Stücken die Tischkante zu Hilfe genommen werden sollte. Scharfe Schnittkanten vermag ein Abschmirgeln mit Glaspapier anzugleichen. Das Entfernen von Glassplittern nach jedem Schneidevorgang sollte selbstverständlich sein und kann mit einer Bürste oder hartem Handbesen erfolgen.

Zum Verbleien verwendet man Bleiruten, die mit verschiedenen Profilen und Breiten ab 5 mm in Glaserwerkstätten erhältlich sind. H-förmiges Blei weist eine zweiseitige Kehlung auf, die durch einen 2 mm dicken Kern getrennt wird, und findet Anwendung beim Aneinandersetzen von Flachgläsern. Bleiruten mit einem U-Profil zeigen nur eine einseitige Kehlung und dienen der Einfassung von Fensterbildern. Um exakte Übergänge beim Verbleien verschiedener Teilstücke von Glas zu erreichen, sind 6 bis 8 mm breite H-förmige Bleiruten zu empfehlen.

Alle Bleiruten müssen vor Gebrauch gezogen und gedehnt werden. Zudem erscheint es zweckmäßig, mit einem Holzstab Verformungen zurechtzubiegen und die Kehlung so weit zu öffnen, daß ein leichtes Einschieben von Gläsern möglich ist.

Das genaue Verbleien eines größeren Fensterbildes mit vielen kleinen Glasstücken kann mustergetreu nur dann erfolgen, wenn man genau nach der Vorlage arbeitet. Das geschieht am zweckmäßigsten dadurch, daß die Vorlage zunächst auf den Arbeitstisch gelegt und mit ihm unverrückbar verbunden wird. Eine weitere große Arbeitshilfe stellt die gesamte Umrandung des Motivs mit rechtwinkelig aufgenagelten Holzleisten dar. Sowohl an die linke als auch an die untere Holzleiste fügt man zuerst je eine U-förmige, auf Gehrung geschnittene und in Länge wie auch Breite genau passende Bleirute. Die Kehlung muß hierbei nach innen zeigen. In den so entstandenen Winkel der Schienen in der linken unteren Ecke wird nun das entsprechende erste Glas eingeschoben. Die genau angepaßte und senkrecht mit einem scharfen Messer abgeschnittene H-förmige Bleirute muß nun angesetzt und festgepreßt werden. In die noch freie zweite Kehlung muß danach die nächste Scheibe eingefügt und notfalls mit dem Messerrücken eingeklopft werden. Hierauf erfolgt wechselweise wieder das Anbringen von Bleiruten und Gläsern wie bei einem Mosaik und so lange, bis das Bild fertig ist. Glasteile, die sich rechts unten aus ihrer Form lösen und verschieben könnten, während man oben links gerade eine Bleirute verfestigt, sollten durch leicht in die Arbeitsplatte eingeschlagene Nägel in die der Zeichnung entsprechenden Form festgehalten werden. Man entfernt sie am zweckmäßigsten erst dann, wenn man an diesem Teil weiterarbeiten möchte. Bleiruten, die sich während des Arbeitens verengen, können mit einem Holzstab wieder verbreitert werden, der gleichzeitig auch bei deren Andrücken und Glätten Anwendung findet.

Alle Berührungsstellen und Überschneidungspunkte von Bleiruten müssen nun verlötet werden, um ein festes und stabiles Zusammenhalten der einzelnen Glasteile zu gewährleisten. Aus diesem Grund sollte man nicht allzusparsam mit Lötzinn umgehen. Es ist zweckmäßig, erst nach der völligen Fer-

*Bleiruten müssen gezogen und deren Kehlung geöffnet werden.*

*U-förmige Bleiruten besitzen eine zweiseitige Kehlung. Man schneidet sie auf die gewünschte Länge und schiebt die Glasteile in sie hinein.*

*Um das Auseinanderrutschen von Glasteilen und Bleiruten zu verhindern, kann man beides mehrmals fest durch Klebestreifen zusammenhalten.*

tigstellung der einen Seite auf die nächste überzugehen. Das ganze Bild muß sehr vorsichtig umgedreht und dabei abgestützt werden, um ein Durchbiegen oder Verformen zu vermeiden. Es genügt nicht, Schnittstellen nur auf einer Seite zu verlöten. Es würde nicht nur unschön und nicht fachgerecht wirken, sondern vor allem für die Stabilität des Bildes stark abträglich sein. Ketten zum Aufhängen müssen besonders gut haftbar und gewissenhaft angebracht werden, da Glas und Blei sich als relativ schwer erweisen.

Bei kleinen Fensterbildern, bei denen lediglich das bemalte Mittelstück durch eine Einfassung aus Gläsern vergrößert und damit zusätzlich verziert werden soll, entfällt das Einrahmen der Musterzeichnung durch abgrenzende Führungsleisten. Ein Winkeleisen erweist sich hierbei zwar als hilfreich beim Einrichten von Ecken und Kanten, muß jedoch nicht eigens angeschafft werden. Man kann die einzelnen Glasstücke zuerst in die doppelt gekehlten Bleiruten schieben und alles miteinander als vorläufige Arbeitserleichterung durch Klebestreifen so verfestigen, daß ein Auseinanderfallen verhindert wird. Zuletzt werden die auf Gehrung geschnittenen U-förmigen Bleischienen als abschließende Einfassung angebracht und auf beiden Seiten des Bildes an jeder Berührungs- und Schnittstelle verlötet.

*Um ungünstige Spiegelungseffekte zu vermeiden, sollte das am Fenster hängende Bild mit der bemalten Seite nach außen aufgehängt werden.*

*Alle Berührungs- und Schnittpunkte von Bleiruten werden nun fest auf beiden Seiten des Bildes verlötet.*

*Da Blei in Verbindung mit Glas relativ schwer ist, muß dem Auflöten einer Kette besondere Bedeutung beigemessen werden.*

*Bleiruten sollte man anschließend mit dem Daumennagel oder einem Holzstab an die einzelnen Glasteile pressen und glätten.*

# Hinterglasbilder malen

## Konturen

Konturen stellen den ersten Arbeitsgang bei der Gestaltung von Hinterglasbildern dar. Sie werden nach einem ausgewählten Riß gemalt, den man genau unter die passende saubere Scheibe legt und mit ihr unverrutschbar fest durch Klebestreifen verbindet.

Mit Konturenfarbe und Pinsel werden nun alle Linien des Motivs auf dem Glas dünn nachgezogen. Damit durch die auf dem Werkstück ruhende malende Hand keine Farbe verwischt wird, ist es am besten, in der linken oberen Ecke zu beginnen und sehr langsam zur unteren rechten Seite der Scheibe vorzuarbeiten, bis das gesamte Netz von Umrissen vollständig ist. Und bitte nicht vergessen, durch ein Blatt Papier das Glas vor Schweiß und Fettspuren zu schützen! Die auf dem Arbeitsplatz flach aufliegende Scheibe dreht man am zweckmäßigsten jeweils in die Lage, in der es sich am bequemsten malen läßt. Es ist darauf zu achten, daß die Konturen annähernd gleichmäßig breit geraten, und man erreicht das am besten dadurch, daß der Pinsel mit nur schwachem Druck geführt wird. Wichtig erscheint es, ein Blatt Papier oder ein Papiertaschentuch unter die Arbeitshand zu legen, damit Fett- und Schweißspuren keine Isolierschicht schaffen können, die die Haftfestigkeit von Konturen und Farben stark beeinträchtigen. Ab und zu sollte der Pinsel in Wasser ausgewaschen und durch Drehbewegungen auf einem flusenfreien Lappen nicht nur getrocknet, sondern vor allem erneut zugespitzt werden.

Schwarze Konturen sind zwar typisch bei der Hinterglasmalerei, aber auch jede andere Farbe kann je nach Motiv und persönlichem Geschmack Anwendung finden. Abgrenzungen von Hautpartien zeigen abgemilderte Kontraste, wenn sie in rötlichen oder bräunlichen Tönen gehalten sind. Ein mittelblaues Kleidungsstück beispielsweise könnte auch in Hellblau oder Dunkelblau konturiert werden, und goldfarbene oder weißliche Umrandungen wirken besonders dekorativ bei Darstellungen von Blumensträußen.

Sind in einem Riß innerhalb der Konturenfelder Striche vorgegeben, die Schattierungen andeuten sollen, so können diese sowohl in dunklen als auch in hellen Farben gemalt werden. Gerade hierbei muß man sich nicht unbedingt genau an eine Vorzeichnung halten und kann »Lichter« wie »Schatten« so auf das Glas auftragen, wie es sich eben durch den Schwung des Pinsels ergibt. Für Hobbymaler, die sich zum ersten Mal in der Technik der Hinterglasmalerei versuchen, erscheint es angeraten, sich zunächst an bunten Vorlagen zu orientieren.

Wenn alle Linien nachgezogen sind, trennt man das Glas von dem Riß ab. Man hebt nun die Scheibe an einer Ecke an, hält sie gegen das Licht oder ein helles Papier und kontrolliert, ob alle äußeren Konturen eine vollständige Einheit bilden. Umrandungen müssen geschlossen sein und sich jeweils berühren. Fehlstellen sollten daher ebenso gewissenhaft ergänzt werden wie zu dünne und transparent durchscheinende Konturen. Sind Linien zu dick oder Schattierungen in ihrem Auslauf

*Es ist ratsam, vor Malbeginn Riß und Glas mit Klebestreifen so fest zusammenzuhalten, daß ein Verrutschen während des Ziehens von Konturen vermieden wird.*

*Das Unterlegen der malenden Hand mit einem Papiertuch schützt das Werkstück vor Schweiß- und Fettspuren.*

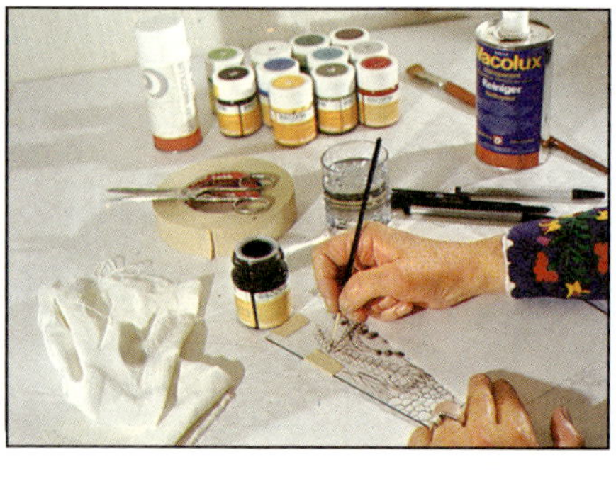

*Um trockene Konturen zusätzlich zu schützen, kann ein matter Spraylack »trocken« und gleichmäßig aufgesprüht werden.*

plump geraten, kratzt man die überschüssige Farbe mit einer Nadel oder einem Zahnstocher einfach weg. Häufig kommt es vor, daß bei diesem Arbeitsvorgang ganze Teilabschnitte von Konturen weggeschabt werden. Es ist dann manchmal notwendig, das Glas erneut auf die Vorlage zu plazieren, um diese Umrisse noch einmal exakt nachzumalen. Je nach Stärke des Auftrags ist die Konturenfarbe nach 10 bis 30 Minuten wasserfest angetrocknet.
Beim Ausmalen des Motivs könnten durch die mechanischen Pinselbewegungen Konturen an- und abgelöst oder auf der glatten Oberfläche des Glases verschoben werden. Um dies zu vermeiden, ist ein Fixieren der verhältnismäßig zarten und feinen Umrisse anzuraten. Mit mattem Klarlack, den man nach Gebrauchsanweisung in einer bestimmten und unbedingt zu beachtenden Entfernung hält, übersprüht man nun dünn die ganze Scheibe. Um eine gleichmäßig deckende Schutzschicht zu erreichen, erweist es sich als zweckmäßig, im Abstand von mehreren Minuten eine zweite Sprayschicht sparsam aufzutragen. Das Bild sollte bei diesem Vorgang waagrecht liegen und in dieser Stellung 1 bis 2 Stunden lang in einem staubfreien Raum durchtrocknen.

*Das fertige Bild zeigt deutlich, daß Farben bedenkenlos in mehreren Schichten übereinander gemalt werden können, ohne daß sie sich untereinander beeinträchtigen. Voraussetzung hierfür ist ihre jeweilige vollständige Durchtrocknung.*

*Beim Ausmalen beginnt man am zweckmäßigsten mit kleinen Flächen, wie Augen, Mund oder punktartigen Verzierungen.*

*Angetrocknete Farben muß man beim Auftragen nachfolgender Töne nicht aussparen, sondern kann sie bedenkenlos mit übermalen.*

*Beim Umwenden der Scheibe zeigt es sich, daß die zuerst bemalten Stellen völlig unverändert erscheinen.*

## Ausmalen

In Ruhe sollte man sich nun die technischen Besonderheiten der Hinterglasmalerei bewußt machen. Als wichtigste ist zu bedenken, daß die auf dem Arbeitstisch aufliegende Unterseite des Glases nach vollständiger Bemalung schließlich die Vorderseite des Bildes darstellen wird. Jeder Farbauftrag erscheint unmittelbar durch das Glas hindurch sichtbar und kann wie bei Bauern- oder Ölmalerei durch Übermalen keine Veränderung erfahren. Falsch plazierte Farben müssen daher nur durch Wegschaben oder vorsichtiges Auskratzen beseitigt werden. Die spezifischen und durch den Farbträger Glas bedingten Arbeitsvorgänge machen es erforderlich, daß all das, was im Vordergrund eines Bildes sichtbar ist, zuerst gemalt werden muß und nach der allmählichen und schichtweisen Ausarbeitung des Motivs schließlich erst am Ende die Gestaltung des Hintergrundes erfolgen kann.

Die Technik des Malens selbst läßt sich einfach und problemlos durchführen. Liegt eine bunte Vorlage bereit, nach der gearbeitet werden soll, entfällt das Problem der Farbenwahl. Wenn entsprechend der Linienführung des Risses bereits »Schatten« als dunkle und »Lichter« als helle Schattierungen auf das Glas gemalt wurden, kann man nun die einzelnen, durch Konturen abgegrenzten Felder mit Pinsel und entsprechenden Farben flächig und gleichmäßig ausfüllen. Dabei werden die angetrockneten Schattierungen nicht ausgespart, sondern vollständig übermalt, ohne daß ihre Wirkung auf der Vorderseite der Scheibe im geringsten verändert erscheint. Man führt dabei den Pinsel bis unmittelbar an die Konturen heran, soll sie dabei berühren und kann sie bedenkenlos sogar abdecken. Gerät jedoch versehentlich Farbe über die Abgrenzung hinaus ins Nachbarfeld, so ist sie nach deren Antrocknen wegzukratzen. Von Zeit zu Zeit sollte man das Werkstück anheben und gegen eine Lichtquelle halten, um zu prüfen, ob exakt bis in die äußersten Ecken hinein und in gut deckender Farbdichte gemalt worden ist. Wirkt der Farbauftrag zu streifig oder gar transparent, muß er nach ungefähr 20 bis 30 Minuten wiederholt werden.

Diese Methode des Malens ist nicht nur traditionsgebunden, sondern auch überaus einfach auszuführen, so daß sie besonders allen denen anzuraten ist, die sich zum ersten Mal auf dem Gebiet der Hinterglasmalerei versuchen möchten.

## Hintergrund malen

Ist schließlich das ganze Motiv fertig ausgearbeitet, kann endlich der Hintergrund geplant werden. Nicht allein persönliche Geschmackswünsche sind hier ausschlaggebend bei der Wahl der Farben, vielmehr ist es vor allem wichtig, daß diese sich deutlich und kontrastreich von dem Motiv abheben. Sinnvoll wäre es daher, bereits vor Beginn des Ausmalens die einzelnen Töne und deren Abstufungen genau zu überdenken und diese gegebenenfalls auf der Vorlage zu notieren.

Da feuchte Farben sich mit den nächstfolgenden vermischen und auf diese Weise eine Schlierenbildung oder völlig unerwünschte Farbverbindungen verursachen können, legt man das Bild für 1

*Das fertig gestaltete Motiv sollte nach Fehlern oder Schmierstellen abgesucht werden. Farbe, die versehentlich über die Kontur geraten ist, kann mit einem Zahnstocher oder einer Kratznadel mühelos entfernt werden.*

*Das Malen des Hintergrundes muß mit einem großen Haarpinsel auf völlig durchgetrocknetem Motiv erfolgen.*

*Beim Umwenden der Scheibe erkennt man nicht nur die farbliche Gesamtwirkung des Bildes, sondern ebenso Fehlstellen oder ungenügende Deckfähigkeit des Hintergrundes. Man kann ihn nach dessen absoluter Durchtrocknung mit der gleichen oder einer ähnlichen Farbe ergänzen oder wiederholen.*

bis 2 Stunden zum gründlichen Durchtrocknen zur Seite. Dieser Vorgang kann beschleunigt werden, indem die Scheibe in der Nähe eines Heizkörpers plaziert oder mit einem Haarföhn aus größerer Entfernung getrocknet wird. Zu starke Hitzeeinwirkung könnte zu Rißbildung in der Malerei führen.
Die Farbe für den Hintergrund muß geschmeidig sein und sollte gegebenenfalls mit etwas Wasser verdünnt werden. Mit einem 2 bis 3 cm breiten weichen Flachpinsel wird sie zügig und gleichmäßig über die Fläche des Glases verteilt. Da diese Farbschicht das Motiv nicht nur gut abdecken, sondern gleichermaßen auch schützen soll, ist nach deren Durchtrocknen ein zweiter Farbauftrag in der gleichen oder einer ähnlichen Farbe erforderlich. Handelt es sich bei einem Hintergrund beispielsweise um eine Landschaft mit Himmel und Wiese, so ist zunächst die Gestaltung aller Gräser, Blumen, Sträucher oder Bodenwellen aktuell, da diese Zierelemente im Nachhinein nicht mehr eingearbeitet werden könnten.

*Ein mit einem weichen Flachpinsel überstrichener Kunstharzlack oder ein trocken aufgesprühter Spray-Film gewährleisten den endgültigen Schutz eines Hinterglasbildes.*

## Hinterglascollage

Unter einer Hinterglascollage versteht man das Unterlegen von kleinen konturierten Flächen oder eines gesamten Hintergrundes mit Textilien, Gold-, Silber- und Bronzefolien oder allen bunten, einfarbigen, glatten oder kreppartigen Papiersorten. Am problemlosesten und attraktivsten erweist sich die Darstellung einer nur zweifarbigen Collage, die zudem den Vorteil hat, schnell zum Erfolg zu führen. Hierbei müssen sich die schwarzen Konturen des Motivs kontrastreich vom einheitlich unifarbenen Hintergrund abheben. Die Umrisse sollten bei dieser Art des Gestaltens auf keinen Fall so fein und exakt sein wie bei der üblichen Hinterglasmalerei. Ihr Effekt kann nur gewinnen, je stärker und deutlicher sich Kontur und Hintergrund

*Da Hinterglascollagen zumeist allein durch schwarze Konturen und einen kontrastierenden Hintergrund wirken sollen, ist die Wahl eines geeigneten Motivs besonders wichtig.*

*Bei dieser alten Hinterglascollage, deren Originalrahmen auf deren Alter Rückschlüsse zuläßt, ist nicht nur der Hintergrund mit handgeschöpftem Papier unterlegt. Die stilisierten grünen Lebensbäume, Kronen und Heiligenschein sowie die innere rahmende Borteneinfassung bestehen aus aufgeklebtem Papier.*

*So sieht das gleiche Motiv gemalt aus.*

voneinander unterscheiden. Das Material für eine Collage ist daher in seiner Wirkung auszuprobieren und behutsam auszuwählen.
Man schneidet nun Papier, Stoff oder Folie in der Größe des Glases zurecht, bestreicht alle vier Seitenkanten mit einem Klebemittel und verleimt das Material auf einem Stück Pappe. Beides gewährleistet beim nachfolgenden Einrahmen des Bildes zugleich dessen schützende Abdeckung.
Schwieriger ist es, wenn nur kleinere konturierte Flächen wie beispielsweise Gewänder, Gebäude oder Bäume unterlegt werden sollen. Da viele Arten von Klebstoff hierbei deshalb ungeeignet sind, weil sie entweder Farben anlösen oder als unschöne Flecken auf der Vorderseite des Glases erscheinen können, sind vor deren Gebrauch Proben unerläßlich. Das Problem dieser Auswahl entfällt, wenn die einzelnen zurechtgeschnittenen Teile des Materials ebenfalls auf ein Stück Pappe geklebt werden, das in Größe der Glasscheibe vorbereitet wurde und das ebenfalls dem abschließenden Schutz des Bildes dienen kann.

*Die Konturen einer Hinterglascollage sollten kräftig sein, damit sie sich deutlich und kontrastreich vom Hintergrund abheben können.*

*Auf einem Stück Pappe, das in der Größe des Glases zurechtgeschnitten wurde, befestigt man mit einem Klebemittel den Hintergrund, der aus Stoff, Papier oder einer beliebigen Folie bestehen kann.*

*In diesem Fall besteht der Hintergrund aus mattem geripptem Goldpapier. Man fügt ihn auf das im fertigen Rahmen liegende Bild.*

# Hinterglasradierung

Hinterglasradierung ist eine Gestaltungsform auf Glas, bei der das Motiv aus einer einheitlich aufgetragenen und trockenen Farbe mit einer Radiernadel herausgekratzt wird. Schwarze oder andere sehr dunkle Töne bilden ein vorherrschendes Element und stehen in dekorativem Kontrast neben vorwiegend goldenen, silbernen oder weißlichen Farben. Hobbykünstlern, die in dieser Technik noch ungeübt sind, sei für erste Versuche ein einfaches und klar übersichtliches Motiv empfohlen, bei dem eine exakte Linienführung nicht gar so wichtig ist.

Anders als bei der üblichen Hinterglasmalerei muß hierbei als erster Arbeitsgang der Hintergrund aufgemalt werden. Man benutzt dazu mit Wasser leicht verdünnte schwarze Konturenfarbe oder eine andere dunkle Acryl-Mattfarbe und verteilt diese gleichmäßig mit einem breiten flachen Haarpinsel über die gut gesäuberte Glasscheibe. Ein zu dünner Auftrag kann später genauso störend wirken wie Farbwülste, die sich nur schwer und ungenau auskratzen lassen.

Nach dem Durchtrocknen überträgt man das gewählte Motiv auf die Grundierfarbe. Es ist am zweckmäßigsten, hierbei ein weißes oder gelbes Kreidepapier zu verwenden, dessen beschichtete glänzende Seite dabei auf der Farbschicht aufliegen muß. Darüber fügt man den Entwurf und befestigt ihn durch Klebeband an mehreren Stellen mit der Scheibe, um ein Verrutschen zu vermeiden. Mit einem spitzen harten Bleistift werden nun alle Umrisse des Musters genau nachgezogen. Es ist ratsam, vor dem Ablösen der Vorlage zu prüfen, ob alle Linien deutlich sichtbar durchgepaust erscheinen, und diese gegebenenfalls sofort zu ergänzen.

Bei der Technik des Auskratzens arbeitet man bequem und erfolgreich mit einer Radiernadel, weil sie sicher in der Hand ruht und dadurch leicht und zuverlässig auf geringen oder kräftigen Druck reagieren kann. Selbstverständlich ist es jedoch möglich, sich mit anderen Hilfsmitteln wie Zahnstocher, Nagel, Messer oder Stopfnadel zu begnügen. Zum Schutz der Grundierfarbe sollte ein Blatt Papier unter die Arbeitshand geschoben werden. Auch ist es zweckmäßig, eine helle Unterlage unter das Werkstück zu plazieren, damit die Wirkung ausgekratzter Stellen sofort und leicht erkennbar ist, ohne daß die Augen dabei zu sehr angestrengt werden.

Entlang den vorgezeichneten Konturen wird nun strichweise das Motiv aus dem dunklen Untergrund herausgekratzt, wobei man kleine Partien vorsichtig ausritzen muß und größere Teilstücke mit einem Messer oder einem Pinselstiel ausschaben kann. Die Schattierung von Blüten und Blättern eines Blumenstraußes ergibt sich durch stehengelassene feine schwarze Linien. Die aufgezeichneten Abgrenzungen eines Gebäudes mit Dach, Fenstern und Türen beispielsweise müssen ebenfalls durch ausgesparte dunkle Umrisse angedeutet werden. Ebenso verhält es sich bei einem Gesicht, dessen Fläche so lange ausgekratzt wird, daß am Schluß nur noch der Mund, die Nase und die Augen als zarte schwarze Farbpartie übrigbleiben.

Sind durch zu reichliches Wegnehmen von Farbteilen Fehlstellen entstanden, kann man sie durch erneuten Farbauftrag vorsichtig ergänzen und nach dessen Durchtrocknen wieder mit der Radiernadel bearbeiten. Das gilt auch für Gesichter, bei denen disharmonische oder zu klein geratene Verformungen von Mund, Nase oder Augen besonders unangenehm auffallen. Im allgemeinen jedoch sollte man nicht zu selbstkritisch sein. Für die dekorative Wirkung eines an der Wand hängenden Bildes ist nicht das mit großer Akribie ausgeführte Detail wichtig, als weitaus entscheidender erweist sich hingegen der Gesamteindruck.

Bevor das Werkstück den zweimaligen

*Anders als bei der üblichen Hinterglasmalerei muß bei der Hinterglasradierung als erstes der Hintergrund in einer dunklen Farbe aufgestrichen werden.*

*Mit Hilfe von hellem Kreidepapier sollte man das Muster auf dem gut durchgetrockneten Hintergrund aufpausen.*

*Das deutlich erkennbare Motiv kann nun mit einer Radiernadel oder einem anderen spitzen Gegenstand ausgekratzt werden.*

schützenden Auftrag von klarem Sprühfilm erhält, muß man es gewissenhaft nach eventuell zurückgebliebenen Farbkrümeln absuchen. Diese sollten deshalb entfernt werden, weil sie auf der Vorderseite des Glases als dunkle Punkte sichtbar bleiben. Nun kann endlich die das Motiv völlig abdeckende helle Farbe oder eine wasserverdünnbare Goldbronze mit einem flachen Haarpinsel gleichmäßig aufgemalt werden. Nach deren Durchtrocknen ist wiederum ein schützender Film aus Klarlack dringend empfehlenswert.
Will man das Bild jedoch mit Goldspray unterlegen, entfällt ein vorangehender Schutz der schwarzen Farbe durch Klarlack. Ein zweimalig aufgetragener, gleichmäßig deckender Sprayfilm mit Goldbronze gewährleistet hierbei gleichzeitig den Farbkontrast und den endgültigen und abschließenden Schutz einer Hinterglasradierung und bedarf keiner weiteren Nachbehandlung.

## Hohlglas bemalen

Das Bemalen von Hohlgläsern jeder Art erweist sich als ein sehr variationsreiches, kreatives und für alle Altersstufen geeignetes Hobby, weil sich alles gestalten läßt, was eine gute, gefällige und glatte Form besitzt. Es spielt dabei keine Rolle, ob ein Glas billig oder teuer, durchsichtig weiß ist oder eine opake Oberfläche zeigt. Bunte grüne oder braune Flaschen lassen sich ebensogut bemalen wie Christbaumkugeln, die eine undurchsichtige gold- oder silberfarbene Beschichtung zeigen. Darüber hinaus kostet dieses Hobby wenig Geld, da zumeist in jedem Haushalt ungenütztes Glasgeschirr vorhanden ist.
Verschiedenartig gefärbte Gläser bedürfen bestimmter Farbsorten. Der leuchtende Zauber transparenter Glasmalfarben kann sich am besten und eindrucksvollsten auf durchsichtig weißen oder pastellfarbenen Gefäßen entfalten. Die mangelnde Lichtdurchlässigkeit dunkler Gläser oder Flaschen würde diese Farbsorte »schlucken«, und selbst farbintensive Töne können trotz Oberflächenglätte nur stumpf und leblos wirken. Steht dann noch das Gefäß vor einem dunklen Hintergrund, ist hierbei das Dekor nur noch ungenau erkennbar.

Emaillackfarben vermögen hier eine durchaus befriedigende Abhilfe zu schaffen, weil sie sich leuchtkräftig und kontrastreich von einem dunklen Hintergrund abheben. Ihre undurchsichtige Konsistenz ist ebenfalls zum Bemalen aller Arten von hellen Hohlgläsern sehr gut geeignet. Bei Christbaumkugeln, die bereits eine gold- oder silberfarbene Oberfläche zeigen, sollte man an einer unauffälligen Stelle die Reaktion von Beschichtung in Verbindung mit Emaillackfarben beobachten. Ein Auflösen des Untergrundes verursacht möglicherweise chemische Verbindungen mit den Farben, die die Bemalung stark beeinträchtigen können.
Vorsichtshalber sollte man hierbei Acrylfarben verwenden, die aufgrund ihrer Konsistenz keinen wie immer gearteten Untergrund an- oder aufzulösen vermögen. Außer ihrer starken Lichtintensität genießen sie den großen Vorteil geringer Fließfähigkeit, die jeder Hobbymaler insbesondere auf starken Rundungen, wie Christbaumkugeln sie aufweisen, zu schätzen weiß. Das schnelle Trocknen von Acrylfarben ist zudem eine Eigenschaft, die ein zügiges Malen gewährleistet. Flaschen und Gläser, die mit ihnen bemalt wurden, bedürfen unbedingt eines Schutzanstriches aus Kunstharzlack oder müssen durch zweimaliges kurzes Übersprühen mit einem hochglänzenden Klarlack aus

*Abgrenzungen, die die Aufgabe von Konturen darstellen, Schattierungen und andere wichtige Zierelemente müssen als schwarze Striche oder Rundungen stehenbleiben und ausgespart werden.*

*Das fertig ausgekratzte Motiv wird nun mit einer Kontrastfarbe unterlegt.*

*Typisch für Hinterglasradierungen sind beigegold- oder silberfarbene Töne.*

einer Spraydose nachbehandelt werden.
Bei Trinkgläsern, Schalen oder anderen Glasgefäßen mit weiter Öffnung erweist es sich als zweckmäßig, ein auf Transparentpapier aufgezeichnetes und auf die Abmessung eines Werkstückes zurechtgeschnittenes Muster an dessen Innenseite durch Klebestreifen zu befestigen. Es kann sich nun nicht mehr beim Malen verschieben und ist wegen der durchscheinenden Struktur von hellen Gläsern deutlich sichtbar.
Bei Hohlgläsern mit engem Hals oder dunkel kolorierten Gläsern jedoch muß man zum Übertragen des Motivs Pauspapier benutzen. Für alle hellen Gefäße wählt man es in einem orangefarbenen oder roten Ton, für alle dunklen Gläser dagegen in weißer oder gelber Farbe. Muster und Pauspapier werden nun in der Größe der zu bemalenden Fläche zugeschnitten, um eine ausgewogene und leicht übersichtliche Plazierung zu erreichen. Man sollte zunächst das Pauspapier mit der glänzend beschichteten Seite auf das Glasgefäß legen, die Vorlage darüberfügen und beides mit dem Werkstück fest und unverrutschbar durch Klebestreifen verbinden. Alle Umrisse werden nun mit einem harten Bleistift und kräftigem Druck nachgezogen.
Es ist ratsam, vor dem Abnehmen der Vorlage und des Pauspapiers erst eine Seite vorsichtig anzuheben, um zu kontrollieren, ob das Muster klar sichtbar übertragen wurde. Sind die Konturen schwach und undeutlich ausgefallen, sollte nachgearbeitet werden, damit ein genaues und die Augen schonendes Malen gewährleistet ist.
Nach allen kleinen, oft mühsamen und dennoch wichtigen Handgriffen, die zur gewissenhaften Vorbereitung gedient haben, muß in Ruhe überlegt werden, wie die farbliche Zusammenstellung des Motivs aussehen soll und welche Töne

*Das Bemalen von Hohlgläsern jeder Art erweist sich als ein sehr variationsreiches, kreatives und für alle Altersstufen geeignetes Hobby. Der alte Bierkrug mit Zinndeckel stammt aus der Zeit des Biedermeiers.*

*Für erste Versuche eignen sich preiswerte Trink- oder Senfgläser.*

*Dieser Dekor wirkt durch seine Farbzusammenstellung und bedarf keines Vorentwurfs.*

*Motive aus dem Bereich der Bauernmalerei eignen sich gut zum Bemalen von Gewürzfässern.*

sich für die farblose oder bunte Fläche des Werkstückes besonders gut eignen. Ein Bauernstrauß wird lebhafte kräftige Farben besser vertragen als ein Dekor, in dem Margeriten oder Maiglöckchen angeordnet sind. Diese Augenblicke des Überdenkens sollten in großer Muße vorgenommen werden, da sie nicht nur Unsicherheitsfaktoren verringern, sondern gleichzeitig die Freude am kommenden Tun erhöhen und das Ziel des Selbermachens abstecken.
Man tut gut daran, für sein erstes Werkstück zunächst die plakative Art der Glasbemalung zu wählen. Hier wird in fast kindlicher Art jedes Teilstück in entsprechenden Farben entlang der Aufzeichnung einfach ausgefüllt. Schattierungen und andere Zierelemente werden nicht in die feuchte, sondern ausschließlich auf der bereits angetrockneten Farbe aufgebracht, so daß der Eindruck stilisierter Klarheit und Strenge entsteht. Ein nachträgliches Umranden mit dunklen Konturen vermag diese Wirkung nur zu verstärken.

*Bei Gläsern mit weiter Öffnung kann ein Muster an der Innenseite befestigt werden. Es läßt sich auf der Außenseite mühelos nachmalen.*

*Dieses Trachtenpaar wurde mit Hilfe von Kreidepapier auf die Flasche gepaust.*

Plakative Malerei führt zu einem notwendigen Gespür für Farben und deren Anwendung. Man sollte erste Versuche auf einfachen Wassergläsern mit klaren und ungemischten Farben unternehmen, weil dies am sichersten zum schnellen Erfolg führt. Dabei vermag man sehr gut die Geschmeidigkeit und Streichfähigkeit der Farben kennenzulernen. Farbmenge in Verbindung mit Pinseldruck und deren Deckkraft sind ebenso wichtige Faktoren beim Malen.

Allein die Tatsache, daß Emaillack und Transparentfarben auf den Rundungen von Hohlgläsern unliebsam wegfließen können, besonders dann, wenn sie noch frisch sind, ist das Erproben auf schlichten Wassergläsern mit leicht ausführbaren Dekoren der Mühe wert.
Vor Malbeginn schüttelt man zunächst die Farben kräftig durch oder rührt sie mit einem Plastikstäbchen von unten nach oben auf. Da sie in kurzer Zeit zähflüssig und dadurch schlecht verstreichbar werden, verteilt man nur kleine Mengen der verschiedenen Töne auf eine Palette oder eine Glasscherbe.
Mit dem Pinsel Nr. 4 und den gewählten Farben beginnt man nun, innerhalb der aufgepausten Konturen auszumalen. Die Hand muß dabei bequem auf dem Malstock ruhen, und der Pinsel sollte so locker in der Hand liegen, wie man es vom Schreiben her gewohnt ist. Runde hohe Gefäße wie Flaschen und Vasen werden zum Bemalen am zweckmäßigsten waagrecht hingelegt und mit der Hand festgehalten, damit sie nicht wegrollen können. Hierbei muß die Arbeitshand durch eine Malbank abgestützt werden.

*Für dekorativen Christbaumschmuck braucht man nur ein wenig Phantasie und Farbgefühl.*

Bei Blättern führt man den Pinsel, an der Blattspitze beginnend, zum Stengel hin, hebt ihn nun ganz leicht an und verzieht auslaufend Spuren von Farbe in den Stengel hinein. Anders verhält es sich bei runden Blattformen. Hier wird der Pinsel mit kräftigem Druck angesetzt und in einem Halb- oder Dreiviertelbogen zum Stengel gedrückt, wo man wiederum die im Pinsel verbliebenen Farbreste auslaufend vermalt. Für jedes Blatt sollte man nur so viel Farbe mit dem Pinsel aufnehmen, daß sie gerade ausreicht. Zwischendurch muß der Pinsel immer wieder auf einem Leinenläppchen ausgerollt werden. Er spitzt sich dadurch erneut zu, wodurch allzu plumpe Ansätze vermieden werden.

Sind alle Stengel und Blätter fertig, muß geprüft werden, ob nichts ausgelassen wurde und ob die Abgrenzungen der einzelnen Blattformen nicht fransig, sondern glatt und abgerundet wirken. Erst dann wäscht man den Pinsel im Verdünner aus, trocknet ihn gut ab, dreht ihn auf einem flusenfreien Lappen in eine spitze Form und taucht ihn dann erst in eine andere Farbe.

Das Ausmalen der Blumen geschieht in ähnlicher Weise wie das der Blätter. Bei runden Abgrenzungen schiebt man den zur Hälfte mit Farbe gefüllten Pinsel mit kräftigem Druck nach der Außenseite der aufgepausten Kontur und vermindert den Druck auslaufend, je mehr sich der Pinsel der Blütenmitte nähert. Bei Blüten, die eine spitze Blattform aufweisen, beginnt man an der obersten und entferntesten Stelle, setzt den Pinsel nur ganz leicht an, verstärkt den Druck mit zunehmender Breite des Blütenblattes und hebt ihn wieder an, um ihn auslaufen zu lassen.

Beim Malen sollte man sich nicht absolut an vorgegebene Formen halten. Viel natürlicher gelingt ein Dekor, wenn man den Pinsel leicht und fast spielerisch führt und ihn dabei schwingen läßt. So spielt es keine große Rolle, ob innerhalb der aufgepausten Konturen oder ein wenig darüber hinaus gemalt wird. In dem einen Fall werden die Rückstände des Kopierpapiers nach einer Trocknungszeit von 48 Stunden mit einem in Wasser befeuchteten Geschirrtuch entfernt, in dem anderen Fall ergibt sich lediglich eine Vergrößerung der Blüte oder des Blattes.

Es kann dabei allerdings geschehen, daß Spuren der Kontur durch die Farbe hindurchschimmern, besonders dann, wenn die Farbe zu sparsam verteilt wurde. Hier sollte man nochmals überstreichen und verziehen. Ebenso verhält man sich, wenn ein Staubkörnchen oder eine Fluse entdeckt wird und mit einem Holzspießchen herausgehoben werden muß.

Ist alles fertig ausgemalt und sind Ungenauigkeiten ausgebessert, werden zum Schluß runde oder ovale Punkte aufgesetzt. Sie sollen die Staubgefäße darstellen und den Gesamteindruck nochmals beleben und abrunden. Je nach Stärke des Farbauftrages wartet man damit etwa eine halbe Stunde, bis die Unterfarbe leicht angetrocknet erscheint. Auf einer noch zu feuchten Blume vermögen sich Tupfen nicht nur zu verformen oder einseitig zu vergrößern, sie können sich auch ungewollt mit dem Ton, in dem die Blüte gestaltet wurde, vermischen. Gleichmäßig große runde Tupfen entstehen bei einem absolut trockenen Untergrund dann, wenn für jeden einzelnen Punkt erneut Farbe aufgenommen und lediglich die Pinselspitze damit bedeckt wird. Beim Auftrag sollte der Pinsel senkrecht gehalten und mit möglichst gleichmäßigem Druck aufgesetzt werden. Tupfen können zu kleinen Blüten zusammengestellt oder einzeln verteilt in Verbindung mit Strichen oder Bögen sehr dekorativ Kantenabschlüsse bei Vasen, Gläsern oder Flaschen ergeben.

Die stilisierende Bemalung von Hohlgläsern erstreckt sich nicht allein auf Blumendekore, wie Sträuße, Ranken, Girlanden und Streublümchen. Heiligenfiguren und christliche Sprüche auf Weihwasserflaschen gehören ebenso dazu wie mannigfache Tierarten. Schmetterlinge und kleine Vögel, ein Hühnerhof oder eine Jagdszene zu wirkungsvollen Designs zusammengestellt, können gleichfalls in stilisierter und unschattierter Art gestaltet werden. Auch der Mensch vermag hierbei Modell zu stehen, und seine plakativ gemalte Wiedergabe will keineswegs immer Anspruch auf künstlerische Perfektion erheben. Bezaubernde Naivität und fröhliche Farben machen Hohlgläser, die mit solchen Motiven geschmückt wurden, zu kleinen Köstlichkeiten.

*Bocksbeutelflaschen mit ihren relativ großen Flächen laden geradezu ein, sich auf ihnen gestalterisch zu versuchen.*

# Techniken zur Verfeinerung

Schattieren ist der Versuch, »Lichter« und »Schatten« beim Malen von Motiven jeder Art darzustellen, um dadurch eine plastische Tiefenwirkung von Bildern zu erreichen. »Lichter« zu schattieren bedeutet das Herausheben von Stellen, die sich vorwölben und von einfallenden Lichtquellen am meisten betroffen sind, unter Anwendung heller Farbtöne. Die Betonung zurückliegender Partien jedoch, die sich vom Licht wegneigen und dadurch von dessen Helligkeit nicht mehr getroffen werden können, wird als »Schatten« mit dunklen Tönen zum Ausdruck gebracht. Schattierungen können bei jeder Art von Glasmalerei Anwendung finden.

Bei transparenter Glasmalerei lassen Schattierungen jedes Fensterbild lebendiger, differenzierter und wegen seiner Tiefenwirkung auch anspruchsvoller erscheinen. Schnell und mühelos lassen sich diese Effekte erreichen, wenn man weiß, wie es geht. Am besten ist es, wenn man zunächst auf einer Glasscherbe Versuche anstellt. Frei und ohne Vorzeichnung malt man mit grüner Farbe einige große Blätter auf die Scheibe. Konturenpaste kann in diesem Fall ruhig wegbleiben. Nun läßt man wenige Minuten vergehen, um die Farbe anziehen zu lassen, und versucht, mit leichtem Pinseldruck die Farbe innerhalb der Blattform zur Seite zu schieben. (Ist die Farbe noch frisch, wird sie sofort zurückfließen.) Dieser Vorgang sollte Blatt für Blatt so lange wiederholt werden, bis da, wo die Farbe durch langgezogene Pinselstriche hingeschoben wurde, dunklere, und an den Stellen, von denen man sie weggedrückt hat, hellere Schattierungen entstehen. Verschieden starke Dichte derselben Farbe kann also Licht und Schatten ergeben. Durch kürzere oder längere Strichelung oder leichteren und kräftigeren Pinseldruck können interessante Effekte erzielt werden, die das Gesamtbild wesentlich beleben.

Eine weitere Möglichkeit des Schattierens ist das Naß-in-Naß-Malen mit zwei Farben. Wir wählen wiederum das Blattmotiv zum Probieren auf der Glasscherbe. Zunächst taucht man den Pinsel nur leicht in grüne Farbe und malt das obere Viertel des Blattes damit aus. Ohne den Pinsel auszuwaschen, nimmt man nun braune Farbe auf und streicht damit das untere Viertel an. Reste, die im Pinsel verblieben sind, ergeben eine Mischfarbe, mit der man die mittlere Hälfte ausfüllt, wobei man versuchen sollte, weiche Übergänge sowohl in die obere grüne als auch in die untere braune Farbe zu ziehen. Bei Blütenformen schattiert man von außen nach innen, und bei der Gestaltung von Gewändern sollte der Pinsel von oben nach unten geführt und der Richtung des Faltenwurfs angepaßt werden. Hier kann die Betonung von Hell und Dunkel noch differenzierter sein, weil die Größe der Fläche geradezu ermuntert, Versuche anzustellen. Probieren Sie es! Es kann nicht viel verdorben werden, es sei denn, es würde zu sehr an Farbe gespart.

*Stiefmütterchen wären ohne »Schatten« und »Lichter« in der Technik der Naß-in-Naß-Malerei kaum annähernd naturgetreu zu gestalten. Beim Malen der Blätter kann mit zwei Farben gemalt werden, die man gleichzeitig mit dem Pinsel aufnimmt und verstreicht.*

Bei Hinterglasmalerei besteht die Möglichkeit, neben dem einfachen plakativen Ausfüllen von konturierten Flächen mit jeweils nur einer einheitlichen Farbe diese Ton in Ton zu schattieren. Es gelingt am besten in der Technik des »Naß-in-Naß«-Malens. Soll beispielsweise der Rock einer Frau in Rot erscheinen, so ist es zunächst erforderlich, die gewünschte Farbe auf einem flachen Teller oder einer Palette in ausreichender Menge bereitzustellen. Man spricht hierbei von der sogenannten »Mittelfarbe«. Daneben plaziert man auf der einen Seite ein wenig Braun oder Schwarz und auf der anderen kleine Mengen von Weiß oder Ocker. Vom Rockbund in Richtung Saum wird nun streifenweise rote Farbe aufgetragen. Will man tiefliegende Falten betonen, taucht man den Pinsel in Braun, malt es neben oder zwischen das Rot und verstreicht es vorsichtig. Eine erhabene und sich vorwölbende Partie des Kleidungsstückes deutet man durch hellere, mit Weiß ge-

*Sterne, Heiligenscheine und Randverzierungen sind plakativ gemalt. Ein weich und verschwimmend aufgestupfter Hintergrund als Umgebung des Hauptmotivs lockert die Strenge der Ornamente auf.*

*Die Hauptpartien wie Gesicht und Hals zeigen zarte Ton-in-Ton-Schattierungen, die eine natürliche Tiefenwirkung vermitteln.*

mischte Töne an. Wichtig ist es, daß die Mittelfarbe so lange feucht bleibt, bis der Vorgang des Schattierens beendet ist, damit die Übergänge weich und verlaufend erscheinen.

Das Schattieren eines Gesichtes erfolgt in derselben Technik. Hier ist besonders darauf zu achten, daß keinerlei harte Farbkontraste entstehen. Bei zurückweichenden Hautteilen wie Hals und Haaransatz mischt man nur wenig Braun an die gewählte Mittelfarbe, den hervorstehenden Nasenrücken und das Kinn dagegen versieht man mit aufgehellten Farbtönen. Am schwierigsten ist das Malen roter Wangen. Damit diese nicht »aufgesetzt« und dadurch unnatürlich wirken, verdünnt man die Hautfarbe mit ein wenig Wasser und verstreicht sie leicht transparent über das ganze Gesicht. Erst dann wird ein kräftiges Rosa auf die Wangenpartie gestupft. Mit der Spitze des Pinsels verreibt man durch leichte Drehbewegungen sehr vorsichtig Haut- und Wangenfarbe. Es ist dringend anzuraten, dabei die Scheibe immer wieder umzuwenden, um das Ergebnis zu überprüfen und gegebenenfalls zu korrigieren. Gerade bei Hautpartien ist es besonders wichtig, die Deckfähigkeit der Farben zu beobachten und diese nach deren Durchtrocknen ein zweites Mal mit demselben oder einem ähnlichen Ton zu übermalen.

Blüten und Blätter eines Strauches sehen besonders reizvoll aus, wenn sie ebenfalls Ton in Ton abgestuft werden. Auch hierbei empfiehlt sich das Schattieren mit Kontrastfarben in die noch nasse Hauptfarbe, wobei der Pinsel immer in der natürlichen Form des jeweiligen Blattes geführt werden sollte. Dabei ist zu beachten, daß die Partien, die sich dem Licht am meisten zuwenden, hellere Töne erhalten als jene, die sich nach hinten oder zum Stengelansatz richten.

Beim Malen von Baumkronen gilt die gleiche Gesetzmäßigkeit. Je nach Motiv muß man nicht unbedingt die einzelnen Blätter naturgetreu wiederzugeben versuchen. Man sollte sich vielmehr bemühen, den Baum in seiner Gesamtheit aufzunehmen. Mit kurzen Strich- oder halbkreisförmigen Drehbewegungen des Pinsels, der abwechselnd in verschiedene Grün-, Braun- und Gelbtöne getaucht wird, malt man die Umrisse vollständig aus.

Bäume können besonders phantasievoll und ganz nach eigenem Geschmacksempfinden gestaltet werden. Bei einem blühenden Baum malt man zuerst alle weißen, gelben oder rosafarbenen Blüten, läßt sie trocknen und fügt erst dann das Blattwerk auf. Zur Sommerszeit entfalten Baumkronen ein sattes und lebhaftes Grün, dem man hellgraue und gelbe Töne zuordnen sollte. Am farbenprächtigsten zeigt sich die Belaubung im Herbst, wenn sich neben Grün alle vielfältigen Nuancen von Braun, Ocker, Orange, Gelb und Rot darbieten. Hier sollte man Mut zur Farbe zeigen! Versuche auf einer Glasscherbe erweisen sich nicht nur sehr hilfreich bei der Zusammenstellung variationsreicher Abstufungen, sondern sind gleichermaßen gute Übungen zur Führung des Pinsels. Dicke oder zarte Striche, Stupfer oder Halbkreise mit gleichen Farben ausgeführt, ergeben in Verbindung mit leichtem oder starkem Pinseldruck eine stets unterschiedliche Wirkung. Ein entlaubter Baum vermag als kontrastierende Silhouette eine Winterlandschaft intensiv zu beleben und kann ihr dekorative Akzente verleihen. Sein Stamm und seine vielfältigen Verästelungen lassen sich in Braun- oder Grautönen sehr leicht malen und mühelos schattieren. Die Einförmigkeit von Schnee und Himmel kann effektvoll unterbrochen werden, indem man verschiedenartige Bäume malt, wie beispielsweise ausladende Fichten, schlanke Pappeln oder Birken mit hängendem Astwerk. Da der

*Craquelée stellt eine netzartige Rißbildung dar. Bei Transparentbildern erfolgt das Craquelieren auf der fertig bemalten und gut getrockneten Seite.*

Hintergrund die Atmosphäre eines Bildes erheblich mitbestimmt, sollte dessen Farbe in Muße genau überdacht werden. Ein einheitlicher, neutraler Ton verleiht der Darstellung Ruhe und lenkt die Aufmerksamkeit des Betrachters ausschließlich auf das Motiv, besonders dann, wenn er sich kontrastreich abhebt. Tiefe und lebendige Ausdruckskraft jedoch kann nur durch einen schattierten Hintergrund entstehen. Man sollte, wenn man sehr unsicher in seiner Entscheidung ist, nicht die Mühe scheuen, auf einem Glas oder einer Acrylfolie in Größe des Werkstückes Farbproben anzufertigen. Nach deren Durchtrocknen legt man sie unter das fertig gemalte Motiv und kann auf diese Weise leicht feststellen, ob sie in ihren Tönen zum Sujet passen und den persönlichen Geschmackswünschen entsprechen. Die Probescheibe wird dadurch nicht unbrauchbar, da die Farbe mit warmem Wasser wieder abgewaschen werden kann.

Es ist ratsam, vor dem Ausmalen des Hintergrundes das bereits fertig ausgearbeitete Motiv mit einem Sprühlack zu schützen. Da der Vorgang des Schattierens oft nicht sofort den gewünschten Effekt erzielt, so daß des öfteren korrigiert werden muß, könnten sich durch die mechanischen Streichbewegungen des Pinsels die Konturen anlösen und verschieben.

Auf einem Teller wird nun in ausreichender Menge und geschmeidiger Konsistenz die gewünschte »Mittelfarbe« angemischt und daneben der Ton plaziert, mit dem schattiert werden soll. Mit einem 2 bis 3 cm breiten Haarpinsel streicht man nun in Querrichtung zum Bild streifenweise die Hauptfarbe auf und fügt sofort und ohne den Pinsel auszuwaschen, in die freigebliebenen Zwischenräume Schattierungsfarbe ein. Mit geringem Druck wird der Pinsel so lange vorsichtig zwischen die nebeneinanderliegenden Töne geführt, bis sie sich an ihren Berührungsstellen leicht miteinander vermischen. Um die Farben für diesen Arbeitsgang ausreichend lange feucht zu halten, kann man zwischendurch ab und zu mit dem Pinsel ein wenig Wasser aufnehmen und während des Schattierens an die Farben abgeben.

Bei einem Motiv, dessen Hintergrund sich beispielsweise aus Himmel und Landschaft zusammensetzt, werden zunächst die den Horizont markierenden Berge, alle Straßen, Wegraine und, falls vorgegeben, auch die Gewässer wie Fluß und See ausgemalt. Man beginnt damit an der linken oberen Bildseite und arbeitet zur unteren rechten Kante des Glases hin, um durch die aufliegende Arbeitshand ein Verschmieren noch feuchter Farben zu vermeiden. Nach dem Durchtrocknen erst sind alle größeren Flächen an der Reihe, wie etwa ein Acker, bei dem Furchen und Schollen mittels des Naß-in-Naß-Malens durch verschiedene Brauntöne anzudeuten sind. Das natürliche Wachstum eines Getreidefeldes wird durch senkrechte Strichführung mit gelblichen, ockerfarbenen, bräunlich-weißen und orangefarbenen Abstufungen dargestellt, wobei der Pinsel abwechselnd in die jeweiligen Farben eingetaucht wird, ohne daß er zwischendurch ausgewaschen werden muß. Bei Wiesen beginnt man an der hinteren, dem Horizont am nächsten liegenden Abgrenzung mit einem hellen Grün, das man, in Querrichtung zum Bild malend, in einem dunklen Grundton auslaufen läßt.

Da angetrocknete Farben einen dunkleren Ton aufweisen als nasse und zusätzlich infolge der Lichtbrechung des Glases eine nochmalige leichte Veränderung erfahren können, scheint es empfehlenswert, für das Blau des Himmels auf einer Scherbe Farbproben zu erstellen. Ein Bild gewinnt wesentlich an Tiefenwirkung, wenn an der Oberkante des Glases ein intensiverer Blauton auf-

*Die Bemalung von Hohlgläsern kann neben der plakativen Art eine Verfeinerung durch Schattierungen erhalten.*

getragen wird, den man weich und verschwimmend allmählich am Horizont in einem weißlichen Hellblau ausklingen läßt. Föhn-, Kumulus- und Gewitterwolken können in ein einheitliches und unschattiertes Himmelblau hineingemalt werden, das so lange feucht gehalten werden muß, bis der Arbeitsgang vollständig beendet ist. Ein wenig Mut zum farbigen Experimentieren gehört anfangs dazu, wenn man mit Gelb, Orange oder Rot den Sonnenaufgang oder die Atmosphäre einfallender Dämmerung darstellen möchte. Bei ersten Versuchen ist es ratsam, das Blau des Himmels in hellem Gelb oder zartem Rosa am Horizont verschwimmen zu lassen, weil diese Töne miteinander nicht stark auffallend kontrastieren. Erst bei größerer Perfektion im Umgang mit Pinsel und Farbe können gewagte und intensiv leuchtende Farbkombinationen versucht werden.

Die Bemalung von Hohlgläsern mit Emaillackfarben kann neben der plakativen und stilisierten Art eine Verfeinerung durch Schattierungen erhalten. Auch diese Farbsorte bietet die Möglichkeit des Naß-in-Naß-Malens und erfolgt in der bereits beschriebenen Weise. Ihre Konsistenz und deren leichte Zerfließbarkeit jedoch erfordern neben Übung ein wenig Fingerspitzengefühl.

Da sowohl der aufgetragene Grundton als auch die darübergefügte Schattierungsfarbe leicht ineinanderrinnen können, sollten jeweils nur kleine Mengen sparsam verwendet und gegebenenfalls ergänzt werden, wenn der Untergrund des Werkstückes allzu deutlich hervorschaut, so daß er die Wirkung des Designs beeinträchtigt. Frische, ungenügend umgerührte und zu dick aufgemalte Farben vermögen besonders leicht auf Rundungen von Hohlgläsern weit über das aufgepauste Muster zu geraten. Diese unschönen Verformungen müssen mit dem Zipfel eines flusenfreien Tuches weggetupft oder abgewischt werden. Ineinandergelaufene Schattierungen kann man durch erneutes Überstreichen mit einem »trockenen« Pinsel leicht korrigieren. Zähflüssiger Emaillack läßt sich sehr schwer vermalen und beim Schattieren nur plump und undifferenziert verstreichen. Er muß daher mit Verdünner, den man lediglich tropfenweise hinzufügt, geschmeidig gehalten werden.

Goldbronze aus dem Sortiment von Emaillackfarben wirkt nicht nur auf Christbaumkugeln festlich und stimmungsvoll. Als Kantenabschluß auf Flaschen und Gläsern oder als Kontur von stilisierten Motiven vermag sie dem Werkstück eine anspruchsvolle Note zu verleihen. Breite Borten oder ganze Flächen von Flaschen, die mit roter, grüner oder blauer Farbe ausgemalt sind, vermag man mit Goldbronze durch verschiedenförmige oder gleichmäßige »Stupfer« oder »Dreher« auszuzieren. Man malt hierbei mit einem harten Pinsel in die noch feuchte Unterfarbe hinein, so daß sich verschwimmende Abgrenzungen ergeben.

Um verschiedene Nuancen von Goldtönen zu erreichen, können mehr oder weniger große Spuren von Zinnoberrot, Rotbraun der Goldbronze beigefügt und mit ihr gemischt werden. Mit diesen Tönen lassen sich Rocaillen schattieren und ornamentale Muster abwechslungsreich gestalten. Bei einem goldfarbenen Design, das die gesamte Fläche eines Hohlglases effektvoll zu schmükken vermag, sollte man sich auf einen ruhigen und großzügig angelegten Dekor beschränken. Man kann ihn aus weit ausschwingenden Linien und Halbbögen zusammensetzen und durch verschieden plazierte Wiederholungen zu einer einheitlich wirkenden Harmonie führen. Kleine und große Striche, Ovale oder Punkte in unterschiedlichen Bronzetönen vermögen in der Schattiertechnik als belebende gestalterische Elemente eine eventuell auftretende Einförmigkeit dekorativ abzumindern oder aufzuheben.

*Als Kantenabschluß auf Gläsern, Flaschen und Schalen kann Goldbronze aus dem Sortiment von Emaillackfarben Anwendung finden. Bei diesem Gefäß aus Milchglas wurde in noch nasse rote Farbe Goldbronze kreisförmig hineingemalt.*

Nur zu selten wird von der Möglichkeit Gebrauch gemacht, Bocksbeutelflaschen, ausrangierte größere Glasteller oder Tortenplatten mit glatter Oberfläche als Farbträger für Bilder zu benutzen. Man vermag je nach Größe des Werkstückes ganze Szenen oder Landschaften auf ihnen mit Farbe und Pinsel zu zaubern. Besonders effektvoll wirken hierbei Motive aus dem Bereich der Naiven Malerei.
Entsprechend einer gewählten Vorlage wird zunächst die Höhe des Horizonts markiert. Der nächste Arbeitsgang ist das Malen des Himmels, der bis zum oberen Flaschenrand reichen und dessen Wolkenbildung sofort mit weißer Farbe in das noch nasse Blau erfolgen sollte. Nach einer Trockenzeit von 48 Stunden kann man den Vordergrund bis hin zum Horizont mit Hügeln, Feldern oder Wiesen gestalten. Es ist hierbei darauf zu achten, daß beim Schattieren keine zu dicken Farbwülste entstehen. Nach dem gründlichen Durchtrocknen, das wiederum 48 Stunden dauert, überträgt man das Muster mit Hilfe von Pauspapier in der Weise, wie sie bereits beschrieben wurde. Das Ausmalen der einzelnen Motivteile kann sowohl in stilisierter und flächiger Art als auch in der Technik des Schattierens ausgeführt werden.
Dieses Kapitel sollte nicht abgeschlossen werden, ohne zu erwähnen, daß eine der häufigsten Ursachen notwendiger Korrekturen das »Fädenziehen« ist. Sie können leicht durch angedickte Emaillackfarbe entstehen, wenn man sie mit dem Pinsel von der Palette zum Bild befördert. Diese Fadenbildung ist so hauchdünn, daß man sie besonders bei künstlichem Licht nicht sofort erkennt. Wie ein feines Netz kann sie sich an vielen Stellen über das Werkstück legen, wo sie hartnäckig haften bleibt. Von unbemalten Stellen lassen sich die Fäden mühelos mit Verdünner entfernen. Haben sie sich jedoch auf dem bunten Dekor festgesetzt, bleibt nichts anderes übrig, als durch erneute Übermalung den Schaden zu beheben. Es erscheint daher unbedingt wichtig, die Konsistenz der Farben ständig zu beobachten und sie spätestens dann zu verdünnen, wenn der erste Faden bemerkt wird.

*Goldbronze kann mit den Farben abgetönt werden, die den gleichen chemischen Aufbau beinhalten. Diese Flasche wurde mit Goldbronze verziert, der Rot- und Orangetöne beigemischt wurden.*

*Das Malen von transparenten Fensterbildern muß nicht ausschließlich in Verbindung mit abgrenzenden Konturen geschehen. Unkonturierte Glasgemälde wirken im Gegenlicht duftig und zerfließend.*

# Malen und Schattieren ohne Konturen

Unkonturierte Hinterglasbilder bestechen durch zarte Farbkontraste.

Das Malen von transparenten Fensterbildern und Hinterglasbildern muß nicht ausschließlich in Verbindung mit abgrenzenden und einfassenden Konturen geschehen. Zwar sind sie charakteristisch für diese Arten von Glasbemalung und vermögen außerdem gute und hilfreiche Arbeitserleichterungen zu bieten. Jeder Laienmaler wird jedoch im Verlaufe seiner Hobbykarriere den Wunsch verspüren, verschiedene Variationen unter Verwendung gleicher Materialien in sein gestalterisches Repertoire aufzunehmen. Das Malen auf Glas ohne Konturen kann hierbei als sinnvolle Anregung dienen.

Das Überdecken der Vorlage mit einer Glasscheibe und deren feste Verbindung mit Klebestreifen stellt auch hier den ersten vorbereitenden Arbeitsgang dar. Die durch das Glas deutlich erkennbare Strichführung muß nun die Aufgabe gemalter Konturen übernehmen. Es erscheint daher leicht verständlich, daß Riß und Glas so lange übereinanderliegen müssen, bis das Motiv fertig gestaltet ist. Erst dann kann beides voneinander gelöst und die Malerei überprüft und gegebenenfalls korrigiert werden. Die Technik des Schattierens und des Naß-in-Naß-Malens jedoch ist absolut die gleiche wie bei den bereits beschriebenen Gestaltungsarten.

*Auch Hinterglasmalerei ist möglich ohne einfassende Linien. Beim Malen ersetzt der Riß so lange die Konturen, bis das Motiv fertig ausgemalt ist.*

Man vermag auf diese Weise Fensterbilder mit Transparentfarben zu dekorieren, die in ihrer Wirkung Aquarellen nahekommen mit dem Unterschied, daß der Farbträger nicht Papier, sondern Glas oder Acryl ist. Durchscheinendes Licht muß deshalb bei der Plazierung von Farbtönen einkalkuliert werden. Motivteile, die zu den Außenkanten zeigen, sollten in dunklen Tönen gehalten sein, damit deren Abgrenzungen deutlich erkennbar bleiben. Helle Flächen hingegen zeigen bei dieser Art des Malens einen verschwimmenden und stark zurücktretenden Effekt. Es ist ratsam, den in dem Buch abgebildeten »Vogelbaum«, der in dieser Technik entstanden ist, im Hinblick auf seine farbliche Gliederung besonders aufmerksam anzuschauen.

Für unkonturierte Hinterglasmalerei gelten die gleichen gestalterischen Gesetzmäßigkeiten. Anstelle von Transparentfarben sollte man jedoch undurchsichtige Acrylfarben verwenden. Ein weiterer Unterschied besteht darin, daß nach dem Ausmalen ein völlig dekkender Hintergrund das gesamte Bild abschließt. Seine Farbe sollte deshalb zuerst genau geplant werden, weil sich von ihr die einzelnen Töne des Motivs scharf und kontrastreich abheben müssen. Ein blauer Hintergrund beispielsweise vermag sich nicht von blauen Motivteilen zu unterscheiden, und eine weißlich neutrale Abdeckung wirkt auf vorwiegend hellgelbem oder hellgrünem Design langweilig und ausdruckslos.

# Auftropfen und Stupfen

Als gute Variante des Schmückens bei transparenter Malerei erweist sich das Auftropfen. Auf eine farbig bemalte und noch feuchte Motivfläche läßt man mit einer Kontrastfarbe nicht zu dicke Tropfen fallen. Strahlenförmig zerfließen sie sehr rasch, wobei sie sich leicht mit der Unterfarbe mischen. Fügt man beispielsweise auf blaue Farbe gelbe Tropfen, so ergeben sich grünliche Kreise, deren Ränder dunkler erscheinen als der jeweilige Mittelpunkt. Die Größe dieser Kreise hängt nicht nur von der Farbmenge, sondern auch von der Konsistenz der Unterfarbe ab.
Sehr viel einfacher sind Spielereien mit Form und Farbe. Ohne eine feste Vorausplanung, wie sie ein festgelegtes Motiv verlangt, lassen sich hier Effekte erzielen, die weitgehend der Zufall bestimmt. Eine helle Flasche beispielsweise, über die man mit einem großen Pinsel unregelmäßig und reichlich eine beliebige Transparentfarbe verteilt und in die man streifen- oder kreisförmig hineinmalt, kann überraschende Wirkungen zeigen. Eine andere Möglichkeit ist die, so viel Farbe um einen Flaschenhals zu streichen, daß sie tropfenförmig herabfließt. Wiederholt man diesen Vorgang mit einem zweiten oder gar dritten Ton, stellen sich Kompositionen ein, die sehr reizvoll sein können. Das gleiche kann mit Christbaumkugeln versucht werden, und wenn diese an einem festen Band hängen, vermögen leichte Schwingbewegungen die Farben zum schnelleren Verlaufen zu bringen.
Für diese Farbenspiele eignen sich vor allem auch Emaillackfarben. Ein zartes Durchschimmern von Licht wird hierbei zwar nicht erreicht, dafür bestechen diese Farben durch große Leuchtkraft und Intensität. Eine stark erweiterte Skala von vielfältigen Zwischentönen läßt immer wieder neue Effekte entstehen. Dunkle verhaltene Farbtöne mit sparsam aufgetropfter Goldbronze verursachen besonders stimmungsvolle Kompositionen.

Beim Ineinanderfließen von Transparent- und Emaillackfarben ergeben sich chemische Fehlreaktionen, die beide Arten gerinnen lassen. Es ergibt sich eine Bläschenbildung, die wieder sehr in sich zusammenfällt, wodurch dünnere und dickere Farbschichten in Verbindung mit Zwischentönen entstehen. Auch Goldbronze erweist sich hierbei als wahres Zaubermittel, wenn sie in kontrastierende rote, blaue oder braune Transparentfarben getropft wird.
Eine weitere Variante stellt das Aufstupfen von Farben dar. Auf freien und unbemalten Flächen wie Rändern von transparenten Fensterbildern, Glasgefäßen und Christbaumkugeln kann es mit einem harten kleinen oder mittelgroßen Schablonierpinsel erfolgen. Je nach Verwendungszweck verteilt man nur sehr geringe Mengen der gewählten Farben auf eine flache Schale. In mög-

*Als gute Variante des Schmückens bei Transparenter Glasmalerei erweist sich das »Auftropfen« von Kontrastfarben in eine bemalte und noch feuchte Motivfläche.*

*Diese Christbaumkugeln zeigen die vielfältigen Anwendungsmöglichkeiten von aufgetropfter und aufgestrichener Goldbronze in noch nasse Kontrastfarben.*

lichst steiler und senkrechter Pinselhaltung wird nun das Werkstück oder Teile davon in annähernder Regelmäßigkeit und Dichte mit leicht ausgefransten Stupfern übersät. Damit keine Schmierstellen entstehen, sollte bei mehreren Farbfolgen der erste Ton angetrocknet sein, bevor der nächste aufgetragen wird.

Vorangehende Arbeitsproben mit verschiedenen Kontrastfarben sind deshalb dringend anzuraten, weil gerade die Stupftechnik überraschend viele Kombinationen ermöglicht, nicht allein durch Farbzusammenstellung, sondern gleichermaßen durch unterschiedlich kräftigen Pinseldruck, wie auch weit auseinandergezogenen oder dichter beieinanderliegenden Farbauftrag.

*Eine schlichte Vase mit streifenförmiger Oberflächenstruktur wurde hier mit Blau-, Gelb- und Goldbronzetönen vollständig übermalt.*

# Mischen

Obwohl jedes Sortiment von Farben reichhaltige Auswahl bietet, wird man auf das Mischen von Farben nicht verzichten wollen, da bestimmte, differenzierte Abstufungen allein dadurch erreichbar werden. Eine zu stark leuchtende grelle Farbe »bricht« man mit Schwarz oder Braun, wodurch sie gleichzeitig dunkler erscheint. Mit weiß dagegen gerät jeder Ton heller und pastellfarbig. Damit Pastelltöne nicht allzu »süßlich« und weich wirken, sollte man ihnen Spuren von Ocker, Braun oder Schwarz hinzufügen. Besonders hilflos sitzt man vor seinem Bild, wenn es heißt, Hautfarbe für die Darstellung von Menschen oder Heiligenfiguren, das sogenannte Inkarnat, zu mischen. Es gelingt am besten, wenn zu einer größeren Menge von weißer Farbe nur wenig Ocker und Spuren von Rot hinzugefügt werden. Folgende kleine Farbskala soll weitere Informationen und Hilfen zum Mischen geben.

Blau und Gelb
Grün

Blau und Karminrot
Violett

Zinnoberrot und Gelb
Orange

Weiß und Ocker
Elfenbein

Weiß, Ocker und Braun
Beige

Weiß, Ocker und Rot
Inkarnat
(Hautfarbe)

Weiß, Ocker und Grün
Hellgrün

*Zwei ganz verschiedene Motive, gestaltet in ähnlichen Farbtönen, die durch sogenannte »Kartuschen« nicht nur eine wesentliche Erweiterung, sondern zusätzlich auch eine bedeutend größere farbige Gesamtwirkung erfahren haben.*

# Rahmen aus Holz und Blei

## Vorbereitung von Rahmen

Traditionelle Hinterglasbilder sind zumeist mit breiten und oft nur schwach profilierten Rahmen eingefaßt, die sowohl gebeizt als auch mit dunkler Farbe angestrichen werden können. Ähnliche Rahmen, die bereits mit schwarzer Mattfarbe versehen sind und nicht weiterbehandelt werden müssen, bieten Bastlergeschäfte in verschiedenen Größen an. In Glaserwerkstätten und Hobbymärkten gibt es Profile in den verschiedenen Breiten und Strukturen zu kaufen, die dort teilweise in den gewünschten Größen zugeschnitten werden und die man mit Leim, Metallstiften und ein wenig Geschick selbst gut haltbar zusammenfügen kann. Mit Pinsel und leicht mit etwas Wasser verdünnter dunkler Mattfarbe müssen sie zunächst grundiert werden. Da sich durch den Wassergehalt von Acrylfarben die Holzfasern leicht anheben, zusammen mit der Farbe antrocknen und danach als rauhe Stellen stören können, sollten sie mit Schmirgelpapier der Körnung Nr. 120 bis 150 weggeschliffen werden. Erst dann wird ein zweiter Anstrich in einem schwarzen, braunen oder anderen dunklen Ton, der am besten zum Bild paßt, vorgenommen.
Stark stilisierte Darstellungen, typische Motive aus dem Bereich Naiver Malerei und bunte Blumensträuße vor einem dunklen oder goldfarbenen Hintergrund wirken in hellgrauen oder beigefarbenen Rahmen besonders effektvoll. Da diese zartfarbenen Töne sich oft nur ungenügend von einer weißen Wand abheben, sollte man Kanten oder Rillen mit einer kontrastierenden und sich im Motiv wiederholenden Farbe zusätzlich verzieren. Mit gleichen Mitteln kann man die Einförmigkeit einheitlich dunkler Rahmen unterbrechen.
Will man dem Rahmen den Eindruck jahrzehntelanger Abnutzung geben, kann man mit feinem Schmirgelpapier an Kanten und Profilen vorsichtig so lange Farbe abschleifen, bis stellenweise der natürliche Ton des Holzes sichtbar erscheint. Eine ähnliche Wirkung läßt sich erreichen, wenn man die Leisten zunächst mit Rot grundiert und als zweiten Anstrich Schwarz verwendet. Durch Auswischen der noch nassen dunklen Farbe mit einem flusenfreien Baumwolltuch kommen nur stellenweise rote Töne zum Vorschein, so daß an den hervorstehenden Kanten eine unregelmäßige Zweifarbigkeit entsteht.
Vielfach weisen Hohlleisten ein Profil auf, bei dem sich zwischen zwei erhabenen Wülsten an beiden Außenkanten eine verhältnismäßig breite vertiefte Fläche befindet. Sie bietet sich an, um durch verschiedenfarbige Stupfer, Dreher oder Marmorierung geschmückt zu werden. Auch Schnörkel sowie stilisierte Blumen- und Blätterranken wirken dann sehr dekorativ, wenn sie in ihrer Farbigkeit nicht allzustark dominieren und dadurch die Gesamtwirkung des Bildes beeinträchtigen.
Mit einem farblosen und mattglänzenden Kunstharzlack kann nach einer mehrstündigen Trocknungszeit der Farben auf dem Rahmen ein dünner und gleichmäßiger Schutzanstrich vorgenommen werden. Um Tropfenbildung zu vermeiden, legt man ihn waagerecht an einem staubfreien Platz zum Trocknen beiseite.

*Hinterglasbilder sind zumeist mit breiten und oft nur schwach profilierten Rahmen eingefaßt.*

*Rahmen kann man selbst mit einer Holzbeizlasur versehen oder mit einer dunklen Acrylfarbe einstreichen.*

*Je nach Motiv sehen helle oder bunt gestupfte Rahmen, die in ihrer Farbigkeit auf das Bild abgestimmt sein müssen, sehr vorteilhaft aus. Man kann sie zusätzlich patinieren, um einen Alterungseffekt zu demonstrieren.*

Hellgetönte, strukturierte und mit Ornamenten versehene Rahmen gewinnen an Attraktivität, wenn sie anstelle der abschließenden Lackierung einen zugleich schützenden und auf »antik« gemachten Auftrag von Patina erhalten.

Am zweckmäßigsten wird sie mit einem mittelgroßen Borstenpinsel aufgestrichen, weil auf diese Weise am sichersten alle Rillen zu erreichen sind. Mit einem trockenen flusenfreien Tuch wischt man anschließend so viel davon heraus, bis der Grad an Helligkeit erreicht ist, der für das Bild am vorteilhaftesten erscheint. Da in den Vertiefungen größere Mengen Patina verbleiben als an den erhabenen Kanten, ergeben sich sanft ineinander übergehende Brauntöne.
Rahmen aus Hölzern mit besonders schöner Maserung können mit einer lasierenden Beize überstrichen werden. Man bekommt sie in vielen verschiedenen Tönen in Bastlergeschäften zu kaufen, und ihre Anwendung ist einfach und problemlos. Damit die natürlich gewachsene Struktur des Holzes gut sichtbar erhalten bleibt, genügt ein einmaliger dünner Auftrag mit einem mittelgroßen Borstenpinsel. Unregelmäßigkeiten jedoch können durch einen zweiten Anstrich korrigiert werden. Holzbeizlasur bedarf keiner weiteren Behandlung, da sie das Holz nicht nur tönt, sondern gleichzeitig auch schützt.

## Fertigstellung des Bildes

Nachdem alle gestalterischen Arbeitsgänge überwunden und die letzten Farb- und Lackaufträge gut durchgetrocknet sind, kann endlich an das Ineinanderfügen von Bild und Rahmen gedacht werden. Zunächst muß ein nicht zu dünnes Stück Pappe in der Größe der Scheibe zugeschnitten werden. Es genügt hierfür die dicke Rückseite eines Zeichenblocks oder eines alten Kalenders. Nach der gründlichen Entfernung aller Fingerabdrücke oder Farbspuren auf der Vorderseite des Glases wird nun das Bild in den Rahmen gelegt, mit Pappe abgedeckt und durch dünne Nägel oder Metallecken befestigt. Mit einer Messingöse versehen, kann es schließlich seinen endgültigen Platz an der Wand erhalten.

*Das Bild wird in den fertigen Rahmen gelegt und dann ein zurechtgeschnittenes Stück Pappe darübergefügt und mit Metallstiften vorsichtig befestigt.*

*Die Farbe des Rahmens sollte sich immer in den Tönen des Bildes wiederholen. Schwarz oder Braun gilt als neutral und paßt sich jeder Umgebung an.*

## Rahmen aus Blei

Die Verbleiung ist die klassische überlieferte Form der Einfassung eines Fensterbildes, zu der man Bleiruten verwendet. Sollen ganze Fenster oder Türfüllungen gefaßt werden, ist unbedingt diese Methode zu wählen, da sie allein die benötigte und fachgerechte Stabilität gewährleistet. Natürlich kann man auch Glasbilder, die an das Fenster gehängt werden, mit U-förmigen einseitig gekehlten Bleiruten rahmen.
Man schneidet sie in Länge und Breite des Werkstückes mit einem beidseitigen Überstand von je 3 bis 4 mm zurecht und bringt an allen Ecken Gehrungsschnitte an. Mit einem Holzstäbchen oder einem Pinselstiel muß die Kehlung verbreitert und gegebenenfalls geradegebogen werden, damit nun Bleischienen mühelos auf das Glas geschoben werden können. Klebestreifen vermögen alle Teile so lange zusammenzuhalten, bis jede Ecke verlötet ist.
Eine wesentlich einfachere Art der Einfassung bietet jedoch das selbstklebende Bleiband, das in Bastlerpackungen im Handel angeboten wird. Es ist auf der einen Seite mit einem Klebemittel beschichtet, das eine sehr gute Arbeitshilfe bietet, weil dadurch ein unerwünschtes Verrutschen oder Abgleiten verhindert wird. Dieses Bleiband besteht aus fünf nebeneinandergereihten Streifen, die durch eingekerbte Linien, die sogenannte Perforation, leicht teilbar sind.
Am schönsten sieht ein Fensterbild aus, wenn ein Rand nicht allzuschmal gestaltet wird. Es ist daher ratsam, mit einem Doppelstreifen zu rahmen, den man mit kräftigem Zug von den drei restlichen Bändern löst. Von diesem Streifen schneidet man mit einem Küchenmesser oder einer Schere je zwei Stück für die Höhe und je zwei Stück für die Breite des Bildes mit nur 1 mm Zugabe in genauer Abmessung gerade ab. Reicht dazu ein Doppelstreifen nicht aus, muß ein nächster genommen werden. Die Bleibänder werden nun der Reihe nach

*Sehr dekorativ wirkt die Bemalung und Verbleiung von Fenstern, die allerdings selbst bei geübten Hobbykünstlern Geschick, Geduld und viel Zeit voraussetzt.*

um die Scheibe gelegt und umgebogen, wobei die mit dem Klebemittel versehene Seite auf das Glas gedrückt wird. Haben Sie einen Streifen schief aufgebracht, läßt er sich leicht wieder abheben und korrigieren. Ist dieser Arbeitsgang geschafft, wird die Verbleiung nacheinander sowohl auf der Vorder- als auch auf der Rückseite exakt angedrückt und geglättet. Das geschieht am einfachsten mit dem Daumennagel oder einem Holzstab. Gegenstände aus Metall sind ungeeignet, weil sie helle Kratzspuren hinterlassen, die sich nur schwer beseitigen lassen.

Bei einem runden Glas ist der Vorgang des Verbleiens der gleiche, mit dem Unterschied, daß nur ein Band in Länge des Scheibenumfangs benötigt wird. Das Bleiband läßt sich mühelos in die Rundung drücken und glattstreichen.

Nun kann verlötet werden. Dazu braucht man einen Lötkolben, Lötzinn und Lötfett. Alle Ecken des Rahmens sollten zunächst mit einem in Verdünner getauchten Lappen saubergerieben werden. Erst dann verlötet man in der Mitte der jeweiligen Schnittstelle. Das Lötzinn darf keinesfalls zu sparsam aufgebracht werden, damit eine gute Verbindung, besonders zwischen Ösen und Bleiband, gewährleistet ist.

Achten Sie darauf, daß Ösen an die bemalte Seite der Scheibe gehören. Die Länge der Kette, die nun angebracht wird, ist mit entscheidend für die Wirkung des Bildes. Tiefer oder höher hängend, soll es sich den Proportionen des Fensters anpassen. Das Bild wird so aufgehängt, daß die bemalte Seite aus dem Fenster schaut, sich also vom Betrachter aus gesehen hinter dem Glas befindet. Aus diesem Grund wird transparente Glasmalerei fälschlicherweise auch manchmal als Hinterglasmalerei bezeichnet.

## Konturen aus Bleiband

Breite Ränder mit Bleiband oder Konturenpaste abgegrenzt, farblich betont, verziert oder streng und ungeschmückt, lassen ein Bild kostbar erscheinen, machen es zu etwas Besonderem. Ihrer Phantasie im Ausdenken sind keine Grenzen gesetzt, aber auch hier ist es wiederum am besten, mit der einfachsten Möglichkeit zu beginnen. Man wählt eine Scheibe, die wesentlich größer sein muß als das Motiv, das gemalt

*Eine wesentlich einfacher zu verarbeitende Art der Einrahmung bietet das selbstklebende Bleiband. Es besitzt Perforationen, die es ermöglichen, Bleistreifen sehr einfach abzuziehen und voneinander zu trennen.*

*Bleibänder sind weich und schmiegsam, so daß sie sich mühelos auch um runde Glasscheiben legen lassen. Die mit einem Klebemittel beschichtete linke Seite verhindert hierbei ein Abrutschen.*

*Mit dem Daumen oder einem Holzstäbchen wird das Bleiband an das Werkstück gepreßt und auf beiden Seiten des Bildes geglättet.*

werden soll. Auf einem Stück Transparentpapier in Größe des Glases zeichnet man zunächst das Motiv und markiert mit Lineal und Bleistift die Abmessungen der Ränder. Auch die Breite des Bleibandes muß bei dieser Planung bedacht und am besten mit eingezeichnet werden. Sodann gestaltet man das Motiv zunächst mit Konturenpaste, danach mit Farbe und läßt diese gut durchtrocknen.

Bleistreifen, die Ränder abgrenzen sollen, liegen immer vor dem Glas und müssen sozusagen ins Zimmer schauen. Sehr wichtig ist es daher, sie auf der richtigen Seite des Bildes anzubringen. Man dreht aus diesem Grund die Scheibe um und legt sie mit der bemalten Seite auf die Zeichnung. Vorlage und Scheibe werden mit Klebestreifen verbunden, um Verschiebungen zu vermeiden. In Länge und Breite des Glases werden nun je zwei Stücke eines Bleistreifens abgeschnitten. Entsprechend der Zeichnung und parallel zum Rand legt man sie nacheinander auf und drückt sie fest. Sie können nicht mehr verrutschen oder abgleiten, wenn nun die Randverbleiung, wie bereits beschrieben, vorgenommen wird.

Beim Verlöten ist darauf zu achten, daß nicht nur die Ecken der Einfassung, sondern alle Stellen, an denen sich Bleistreifen berühren, eine Verbindung mit Lötzinn erhalten. Geschieht das nicht, könnten sich diese Zierbänder beim Reinigen des Bildes im Laufe der Zeit ablösen.

Soll der breite Rahmen nun noch Farbe und andere Verzierungen erhalten, wird die Scheibe so zurechtgelegt, daß sich die bemalte Seite auf der Oberseite des Glases befindet. Die mit Bleistreifen abgegrenzte Fläche des Rahmens kann nun ausgemalt werden, wobei sich ein oder zwei Farbtöne des Hauptmotivs wiederholen sollten.

Eine andere Möglichkeit des Ausschmückens von breiten Rahmen sind Ornamente, Blattranken, Blüten und Punkte oder Gitterwerk, die mit Konturenpaste ausgeführt werden. Man kann sie in dieser sehr reizvollen und zurückhaltenden Schwarz-Weiß-Wirkung belassen und mit farblosem Lack überstreichen. Will man diesen Rand dennoch farbig gestalten, sollten zurückhaltende, nicht zu helle Töne gewählt werden. Mit breiter, zweifach verbleiter und farblich gut gegliederter Einrahmung wird Ihr Fensterbild zur wirklichen Kostbarkeit.

Selbstklebendes Bleiband läßt sich nicht nur zu Einfassungen verwenden. Zurechtgeschnitten und entsprechend gebogen kann es an die Stelle von Konturen treten. In diesem Fall sollte das Band mit einer Haushaltsschere in 2 bis 3 mm breite Streifen geteilt werden. Entsprechend den Konturen des unter die Scheibe gelegten Musters führt man sie entlang und preßt sie mit dem Daumennagel fest. Fast mühelos läßt sich das Bleiband drehen, biegen und zu Rundungen formen. Auch hier sollten später alle Berührungsstellen von Bleistreifen sorgfältig verlötet werden. Die Bemalung erfolgt in diesem Fall nicht innerhalb der Konturen, sondern wird auf der Rückseite des Glases angebracht.

*Versuche mit zurechtgeschnittenen und verschmälerten Bleibändern in Verbindung mit Glasmalerei machen viel Spaß. Die Bleistreifen sollten wie ein Netz über dem gesamten Hohlglas liegen und an allen Schnittstellen leicht verlötet werden.*

Auch bestimmte Hohlgläser lassen sich mit schmalen selbstklebenden Bleistreifen sehr dekorativ gestalten. Ein kleines mit Emaillackfarben ausgemaltes Motiv beispielsweise, das eine große und flache Flasche ziert, kann zunächst eine etwa 6 mm breite oval geformte und aufgeklebte Einfassung aus Bleiband erhalten, so daß der Eindruck eines Medaillons entsteht. Mit kleinen etwa 5 bis 7 cm langen Bleistreifen, die man auf 3 mm Breite halbiert hat, sollte nun versucht werden, unmittelbar am Rand des bereits aufgeklebten Bleis beginnend, Muster zu legen. Die Enden der Streifen müssen so angebracht sein, daß sie an den nächsten Bändern abschließen. An diesen Berührungspunkten werden durch Verlöten feste Verbindungen zwischen den einzelnen Zierelementen geschaffen, die ähnlich einem Gitterwerk die gesamte Flasche überdekken.

Versuche mit Bleistreifen machen viel Spaß. Beim Gestalten mit ihnen sollte man ohne feststehende Muster und, ohne lange Überlegungen anzustellen, gerade Streifen in einer bestimmten Richtung anlegen. Dazwischengefügte Bögen oder in einer Gegenrichtung angebrachte Bleistreifen verändern und beleben das Erscheinungsbild. Entspricht das ausgeführte Muster nicht den Vorstellungen oder ist auch nur ein Teilstück ungenau geraten, lassen sich Bleistreifen leicht wieder mit einer Messerspitze anheben und lösen. Man zieht sie ab, schiebt sie in eine andere Lage und gelangt auf diese Weise fast spielerisch zu etwas Selbsterdachtem.

# III.
# Mustervorlagen

*Fertiges Werkstück siehe Seite 94*

*Fertiges Werkstück siehe Seite 81*

*Fertiges Werkstück siehe Seite 63*

*Fertiges Werkstück siehe Seite 45*

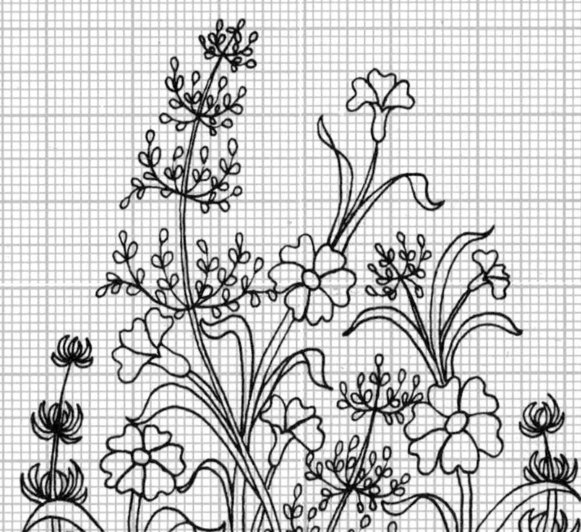

*Fertiges Werkstück siehe Seite 77, 78*

*Variation zu Seite 61, links*

*Fertiges Werkstück siehe Seite 63*

*Fertiges Werkstück siehe Seite 51*

*Variation zu Seite 54*

*Fertiges Werkstück siehe Seite 87 und Variation zu Seite 54*

*Variation zu Seite 55*

*Variation zu Seite 55*

*Fertiges Werkstück siehe Seite 85*

*Fertiges Werkstück* *siehe Seite 50*

*Fertiges Werkstück siehe Seite 92*

*Fertiges Werkstück siehe Seite 95*

*Fertiges Werkstück siehe Seite 92*

*Variation zu Seite 66*

*Fertiges Werkstück siehe Seite 75*

*Fertiges Werkstück siehe Seite 61*

*Variation zu Seite 63*

*Fertiges Werkstück siehe Seite 63*

*Fertiges Werkstück siehe Seite 91*

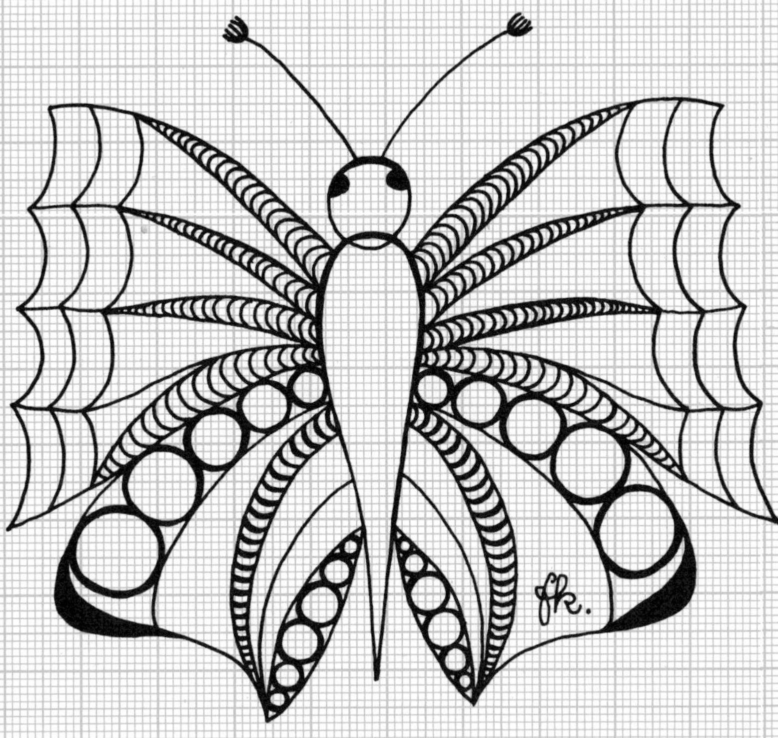


*Variation zu Seite 91*

*Fertiges Werkstück siehe Seite 57*

*Fertiges Werkstück siehe Seite 48*

*Fertiges Werkstück siehe Seite 98*

*Fertiges Werkstück siehe Seite 94*

*Fertiges Werkstück siehe Seite 66*

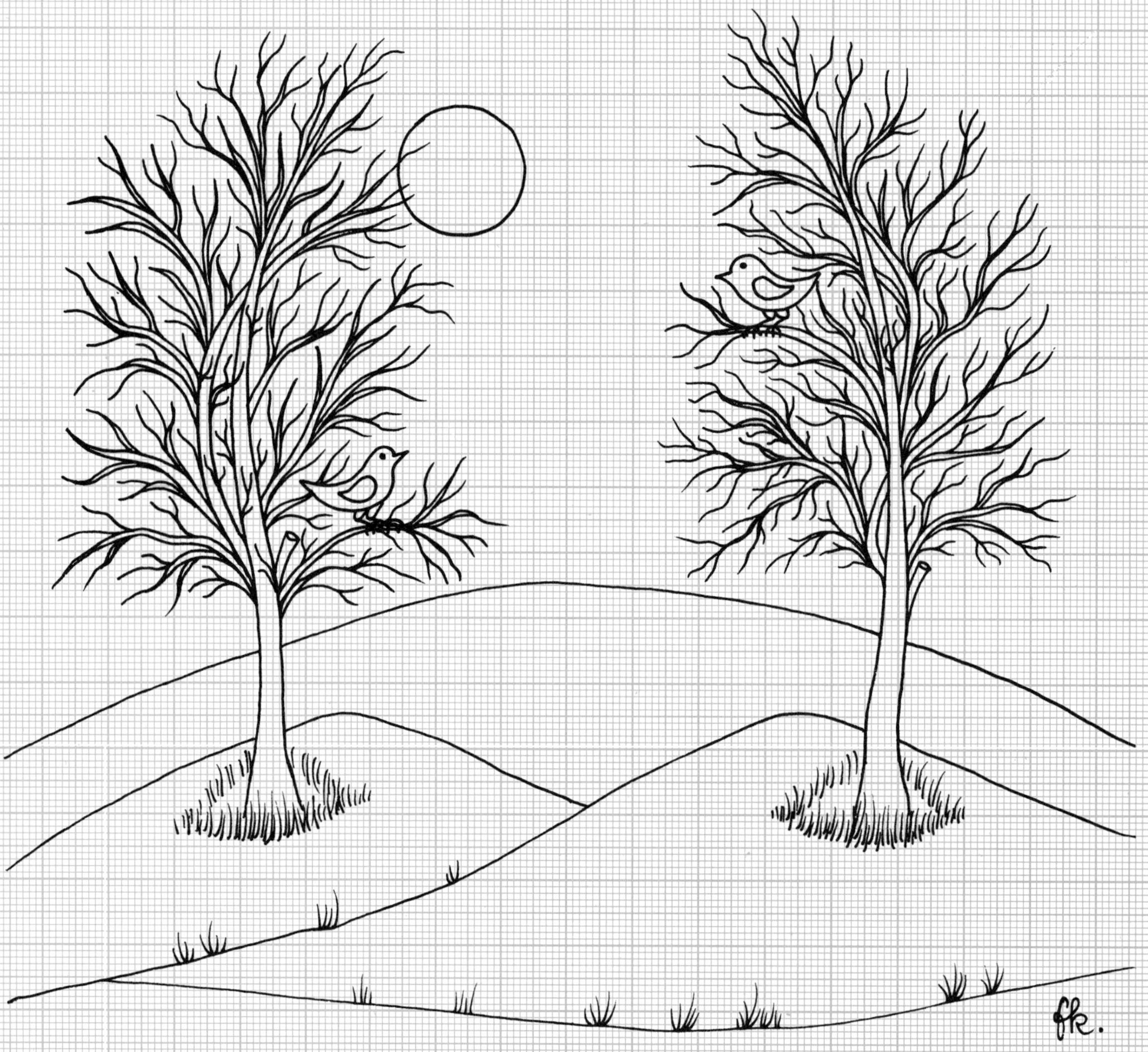


*Fertiges Werkstück siehe Seite 60*

*Fertiges Werkstück* *siehe Seite 85*

*Fertiges Werkstück*
*siehe Seite 52*

*Fertiges Werkstück*
*siehe Seite 89*